ECHT.
FESCH.
GEKOCHT.

Für unsere Großeltern und Eltern,
die uns ihre Liebe zur österreichischen
Heimatküche vorgelebt und
weitergegeben haben.

Catrin Neumayer

Fotos Carletto Ferrari

ECHT. FESCH. GEKOCHT.

90 Rezepte aus der modernen Heimatküche Österreichs

CHRISTIAN

INHALT

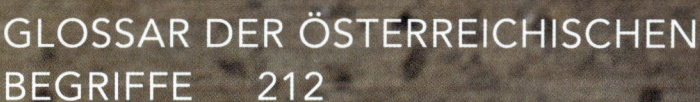

Griaß eich!

Bevor ich Sie auf den nächsten Seiten mit 90 Rezepten aus der Heimatküche Österreichs mit auf eine kulinarische Reise durchs Land nehme, verrate ich Ihnen, warum wir tief in Omas Kochtopf schauen, und zeige Ihnen, welche besonderen kulinarischen »Schmankerln« sich in Österreich zwischen Berg und Tal, Almen und Seen, Stadt und Land verbergen.

Mit den Gerichten dieses Buches verbinde ich wunderschöne Kindheitserinnerungen, herrliche Düfte und ganz besondere Emotionen. Die Rezepte sind eine Liebeserklärung an die gute Küche dieses Landes, aber auch eine Hommage an meine Omas, die mir die Liebe zum Kochen und zu den herrlichen traditionellen österreichischen Speisen vorgelebt haben – und zwar egal, ob das Sonntagschnitzerl, das Schweinsbratl mit »Schwartl« und »Kruspalan« oder der Marmor-Gugelhupf, den mein Sohn auch heute bei jedem Besuch bei der Uroma genießt.

Diese Klassiker, die von Generation zu Generation überliefert werden, habe ich zum Teil neu und damit zeitgemäß interpretiert. So sind aus Omas Blechkuchen mit Ribiseln Cupcakes geworden, die Sacher-Torte findet sich am Steckerl und der Zwetschgenknödel im Glas.

Nun lade ich Sie aber ein, loszublättern und sich auf eine kulinarische Entdeckungsreise durch Österreich zu begeben.

In diesem Sinne wünsche ich gutes Gelingen und »Mahlzeit«!

cookingCatrin

Ihre cookingCatrin

PS: Weitere Traditionsrezepte gibt's auf
meinem Koch- und Kulinarikportal unter:
www.cookingcatrin.at
Ich freue mich auf Ihren Besuch!

AUS DER SPEIS

VORSPEISEN, JAUSEN UND KLEINE SCHMANKERL

CARPACCIO VOM ALMOCHS' MIT HAUSGMACHTA SOSS'

ALMOCHSEN-CARPACCIO MIT HAUSGEMACHTER SAUCE

Zutaten
für 2 Personen

Zubereitungszeit: 25 Minuten

Für das Carpaccio
200 g frisches Ochsen- oder
Rinderfilet
2 Handvoll Rucola
Salz
frisch gemahlener schwarzer Pfeffer

Für das Dressing
Saft von 2 Limetten
30 ml Olivenöl
2 EL Dijon-Senf
Salz
frisch gemahlener schwarzer Pfeffer

Zum Anrichten
Balsamico-Glace zum Beträufeln
(nach Belieben)
1–2 EL fein geriebener oder geho-
belter Parmesan (nach Belieben)

Zubereitung
Carpaccio
Das Rindfleisch mit einem Messer in dünne Scheiben schneiden.
Ein Schneidbrett mit Frischhaltefolie umwickeln, damit die Fleischscheiben nicht daran kleben bleiben. Einige Scheiben Rindfleisch
mit reichlich Abstand auf das Brett legen und mit Frischhaltefolie bedecken. Das Fleisch in der Folie mit einem Nudelholz dünn ausrollen,
dann dekorativ auf einem Servierteller oder einer Platte anrichten.
Auf diese Weise alle Fleischscheiben ausrollen und anrichten.
Den Rucola waschen und trockenschleudern, dann auf das Fleisch
geben. Alles mit Salz und Pfeffer bestreuen.

Dressing
Den Limettensaft in einem hohen Rührbecher mit dem Olivenöl und
dem Senf verquirlen. Das Dressing mit Salz und Pfeffer abschmecken. Das Dressing mit dem Pürierstab cremig mixen.

Anrichten
Das Dressing dekorativ über das Carpaccio träufeln. Nach Belieben
mit etwas Balsamico-Glace vollenden.

Noch feiner wird das Carpaccio, wenn
man es mit etwas frisch geriebenem oder
gehobeltem Parmesan bestreut.

RONA-CARPACCIO MIT RÄUCHERFORELL'N UND KREN-FRISCHKAS-NOCKERLN

ROTE-RÜBEN-CARPACCIO MIT RÄUCHERFORELLE UND MEERRETTICHNOCKEN

Zutaten
für 4 Personen

Zubereitungszeit: 25 Minuten |
Kochzeit der roten Rüben: 30–50 Minuten

Für das Carpaccio
600 g rote Rüben
Salz
6 EL Olivenöl
1 TL flüssiger Honig
2 EL Weißweinessig
frisch gemahlener schwarzer Pfeffer

Für die Nocken
100 g flüssiges Schlagobers
300 g Frischkäse (Natur)
4 EL geriebener Kren (aus dem Glas)
Salz
frisch gemahlener schwarzer Pfeffer

Zum Anrichten
2 geräucherte Forellenfilets (à 125 g)
einige Petersilienblättchen
etwas Gartenkresse

Zubereitung

Carpaccio
Die roten Rüben waschen und in reichlich kaltem Wasser aufkochen. 2 TL Salz hinzugeben und die roten Rüben je nach Größe etwa 30–50 Minuten garen. Die roten Rüben abgießen, abkühlen lassen und lauwarm schälen. Die abgekühlten roten Rüben mit einem Gemüsehobel in feine Scheiben hobeln. Die Scheiben auf 4 Teller verteilen und dachziegelartig auslegen.
Das Olivenöl, den Essig und den Honig zu einem Dressing verquirlen. Das Dressing über die Rote-Rüben-Scheiben träufeln und alles mit Salz und Pfeffer bestreuen.

Nocken
Das Schlagobers in einen hohen Rührbecher geben und mit dem Handrührgerät (Rührbesen) steif schlagen. Den Frischkäse in eine Schüssel geben. Das Schlagobers hinzufügen und mit einem Schneebesen alles zu einer glatten Creme rühren. Den Kren in die Creme rühren. Mit Salz und Pfeffer abschmecken.

Anrichten
Von der Frischkäsecreme mit zwei Teelöffeln kleine Nocken abstechen und diese auf dem Carpaccio anrichten. Die geräucherten Forellenfilets längs halbieren und auf jeden Teller 1 Filethälfte legen. Mit Petersilienblättchen und Gartenkresse garnieren und nach Belieben nochmals mit Pfeffer bestreuen. Das Carpaccio sofort servieren.

Zum Verarbeiten der roten Rüben sollte man unbedingt Einmalhandschuhe tragen.
Etwas frische Petersilie auf dem Carpaccio sorgt nicht nur für einen Farbtupfer, sondern auch für einen feinen Geschmack.

GABELBISSEN IM GLASL

GEMÜSEMAYONNAISE MIT RÄUCHERFORELLE UND EI

Zutaten
für 4 Personen

Zubereitungszeit: 30 Minuten

Für das Gemüse
3 mittelgroße Karotten
200 ml Gemüsebrühe
100 g Maiskörner (tiefgefroren)
100 g Erbsenkerne (tiefgefroren)

Für die Mayonnaise
2 Eigelbe
1 TL Dijon-Senf
1 EL frisch gepresster Zitronensaft
Salz
frisch gemahlener weißer Pfeffer
200 ml neutrales
Pflanzenöl

Anrichten
2 EL Sauerrahm
Saft von ½ Zitrone
1 TL Dijon-Senf
125 g geräucherte Forellenfilets
2 hart gekochte Eier
frisch gemahlener schwarzer Pfeffer
einige Petersilienblättchen

Zubereitung
Fisch
Die Karotten waschen, schälen und in feine Würfel schneiden.
Die Gemüsebrühe in einem Topf aufkochen. Die Karottenwürfel und die Maiskörner zugeben und einige Minuten zugedeckt kochen, bis das Gemüse sehr bissfest gegart ist. Dann die Erbsenkerne hinzufügen und alles weitere 2 Minuten kochen lassen. Das Gemüse in ein Sieb gießen und unter fließendem kaltem Wasser abschrecken.

Mayonnaise
Die Eigelbe in eine Rührschüssel geben. Den Senf hinzufügen, den Zitronensaft angießen, dann salzen und pfeffern. Alles mit dem Schneebesen aufschlagen.
Das Pflanzenöl in einem dünnen Strahl in die Eigelb-Senf-Mischung fließen lassen und mit dem Schneebesen stetig weiterschlagen, bis eine cremige Mayonnaise entstanden ist.

Anrichten
Das gegarte Gemüse in eine Schüssel geben und mit der Mayonnaise sowie dem Sauerrahm vermengen. Den Zitronensaft und den Senf hinzufügen und gut verrühren. Die Hälfte dieser Mischung auf 4 dekorative Gläser oder Weckgläser verteilen. Die Räucherforelle leicht zerpflücken und die Hälfte auf das Gemüse geben. Darauf das restliche Gemüse in Mayonnaise verteilen und mit der restlichen Räucherforelle abschließen. Auf jedes Glas ½ hart gekochtes Ei setzen und mit Pfeffer bestreuen. Mit einigen Petersilienblättchen garnieren.

Die Mayonnaise nicht zu stark, aber immer gleichmäßig rühren, damit sie sich schön bindet. Wer die Mayonnaise nicht selbst zubereiten will oder das Gericht leichter gestalten will, kann stattdessen 12 EL fettarme Mayonnaise aus dem Glas verwenden.

EIERSPEIS BRUSCHETTA
RUSTIKALES RÜHREI-BRUSCHETTA-DREIERLEI

Zutaten
für 3 Personen

Zubereitungszeit: 25 Minuten

1 Handvoll frische Eierschwammerl
(Pfifferlinge)
½ kleine Zwiebel
¼ Bund glatte Petersilie
6 Eier (Größe L)
50 ml Vollmilch
50 ml flüssiges Schlagobers
Salz
frisch gemahlener schwarzer Pfeffer
2 EL Butter
3 Scheiben Bauernbrot
6–8 Streifen durchwachsener Speck

Zubereitung

Die Pfifferlinge putzen und die Stielansätze abschneiden. Große Pfifferlinge halbieren. Die Zwiebel schälen und in feine Würfel schneiden. Die Petersilie waschen, trocknen und fein hacken. Alles beiseitestellen.

Die Eier in eine Schüssel schlagen und mit der Milch sowie dem Schlagobers verquirlen. Mit Salz und Pfeffer würzen.

1 EL Butter in einer Pfanne schmelzen. Die Eiermischung hineingießen und bei mittlerer Temperatur stocken lassen. Sobald die Eier zu stocken beginnen, mit einem Holzkochlöffel durchrühren, bis ein cremiges Rührei entstanden ist. Die Pfanne vom Herd nehmen.

Die restliche Butter (1 EL) in einer zweiten Pfanne schmelzen und die Bauernbrotscheiben darin auf beiden Seiten kurz anrösten, dann aus der Pfanne nehmen. Die Zwiebeln in der Bratbutter anschwitzen. Die Pfifferlinge hinzufügen und unter Rühren kurz anbraten. Mit Salz und Pfeffer abschmecken. Die Pfifferlinge aus der Pfanne nehmen und warm halten. Anschließend den Speck in die Pfanne geben und braten, bis er schön knusprig ist.

Das Rührei auf die drei Brotscheiben verteilen. Die Pfifferlinge auf die erste Brotscheibe, den Speck auf die zweite und die Petersilie auf die dritte Brotscheibe geben. Sofort servieren.

REINDLBROT MIT LIPTAUER UND KIAWIS-TUNK
ZWEIERLEI AUFSTRICHE AUF VOLLKORNBROT

Zutaten
für 4 Personen

Zubereitungszeit: 45 Minuten | Geh- und Backzeit des Brots: 3½ Stunden

Für das Brot
500 g feines Weizenvollkornmehl
1 Päckchen Trockenhefe
2 TL Salz
375 ml lauwarmes Wasser
4 EL geschälte Kürbiskerne

Für den Liptauer
50 g weiche Butter
250 g Topfen (Quark, 20% Fettgehalt)
50 g Sauerrahm
½ Knoblauchzehe
2 TL edelsüßes Paprikapulver
2 TL mittelscharfer Senf
2 EL feine Schnittlauchröllchen
Salz
frisch gemahlener schwarzer Pfeffer

Für den Kürbiskernaufstrich
4 EL geschälte Kürbiskerne
200 g Topfen (Quark, 20 % Fettgehalt)
75 g Sauerrahm
4 EL Kürbiskernöl
Salz
frisch gemahlener schwarzer Pfeffer

Wenn man den Liptauer statt wie hier in der klassischen Variante noch cremiger mag, kann man statt Topfen und Butter 300 g Frischkäse (Doppelrahmstufe, Natur) nehmen.

Zubereitung
Brot
Das Mehl in die Schüssel der Küchenmaschine geben. Das Salz, die Trockenhefe und 375 ml lauwarmes Wasser hinzufügen. Alles zu einem gebundenen Teig verkneten. Die Schüssel mit einem Tuch bedecken. Den Teig an einem warmen Ort 2 Stunden gehen lassen, bis er sein Volumen verdoppelt hat.
Die Kürbiskerne in einer Pfanne ohne Fettzugabe duftend rösten, dann auf einem Teller abkühlen lassen.
Den Teig nach der Ruhezeit auf einer bemehlten Arbeitsfläche durchkneten. Die gerösteten Kürbiskerne hineinkneten. Den Teig zu einem Laib formen und mit etwas Weizenmehl bestäuben. Den Laib dann in einen emaillierten Brotbacktopf oder gusseisernen Bräter (20 cm Durchmesser) geben und 30 Minuten gehen lassen. Den Topf auf der mittleren Schiene in den auf 175 °C vorgeheizten Backofen (Ober-/Unterhitze) schieben. Das Brot darin 1 Stunde backen. Das heiße Brot aus dem Topf stürzen und auf einem Gitter abkühlen lassen.

Liptauer
Die Butter in eine Rührschüssel geben und mit dem Handrührgerät (Rührbesen) schaumig schlagen. Den Topfen und den Sauerrahm hinzufügen und alles zu einer gebundenen Creme rühren.
Den Knoblauch schälen und in den Aufstrich pressen. Gut verrühren. Das Paprikapulver und den Senf hineinrühren, dann mit Salz und Pfeffer würzen. Den Liptauer im Kühlschrank mehrere Stunden durchziehen lassen. Kurz vor dem Servieren mit den Schnittlauchröllchen bestreuen.

Kürbiskernaufstrich
Die Kürbiskerne in einer Pfanne ohne Fettzugabe duftend rösten, dann auf einem Teller abkühlen lassen. Den Topfen mit dem Sauerrahm glatt rühren. Das Kürbiskernöl hinzufügen und cremig rühren. Die Creme mit Salz und Pfeffer würzen. Die abgekühlten Kürbiskerne in den Aufstrich rühren, dabei einige Kerne zurückbehalten und erst kurz vor dem Servieren über den Aufstrich streuen.

GRANT'N-KREN-SOSS'
MEERRETTICH-PREISELBEER-DIP

Zutaten
für 4 Personen

Zubereitungszeit: 30 Minuten

150 ml flüssiges Schlagobers
150 g Sauerrahm
Salz
frisch gemahlener weißer Pfeffer
etwas frisch gepresster
Zitronensaft
3 EL frisch geriebener Kren
(Meerrettich)
3–4 EL eingemachte Preiselbeeren
(aus dem Glas)
frische Oreganoblättchen zum
Garnieren

Zubereitung
Das Schlagobers in eine Rührschüssel geben und mit dem Handrühr-gerät (Rührbesen) steif schlagen. Den Sauerrahm in eine Schüssel geben. Das Schlagobers behutsam mit einem Schneebesen unter-heben. Die Sahnecreme mit Salz, Pfeffer und Zitronensaft abschme-cken. Dann den geriebenen Kren hineinrühren. Die Sahnecreme 15–20 Minuten im Kühlschrank durchziehen lassen.
Kurz vor dem Servieren die Preiselbeeren auf die Sahnecreme geben und mit einem Löffel spiralförmig hineinrühren. Nach Belieben mit frischen Oreganoblättchen garnieren.

Wenn man die Preiselbeeren gleich vor dem Durchziehen unterrührt, bekommt der Dip eine intensiv pinke Farbe. Der Dip passt besonders gut zu Fleisch und Gegrilltem.

BOAZDE KREITLACHFORELL'N
GEBEIZTE FORELLENFILETS

Zutaten
für 4 Personen

Zubereitungszeit: 15 Minuten | Marinierzeit: 2–3 Tage

4 Lachsforellenfilets mit Haut
(à ca. 200 g)
1 Bund Dill
1 Bund glatte Petersilie
2 Bio-Zitronen
8 EL grobes Meersalz
4 EL Staubzucker
frisch gemahlener schwarzer Pfeffer

Zubereitung

Die Lachsforellenfilets waschen, trocknen und von den Gräten befreien.

Die Kräuter waschen und trocknen. Die Dillspitzen von den Zweigen zupfen und grob schneiden. Die Petersilienzweige fein hacken.

Die Zitronen heiß waschen und die Schale mit einem Zestenreißer in langen Fäden abziehen. Der Saft der Zitronen kann anderweitig verwendet werden.

Die Zitronenzesten, die gehackten Kräuter, das Salz, den Zucker und etwas Pfeffer in einer kleinen Schüssel zu einer Beize vermischen.

Je 2 Lachsforellenfilets mit der Hautseite nach unten auf 2 große Stücke Frischhaltefolie legen. Die Beize auf die Fleischseite der Fischfilets geben und verteilen. Die Filets mit den mit der Beize bestreuten Fleischseiten aufeinanderlegen und fest mit der Folie verschließen. Diese Päckchen wieder mit mehreren Lagen Frischhaltefolie umwickeln.

Die Päckchen in eine Form legen und im Kühlschrank 2–3 Tage unter täglichem Wenden durchziehen lassen.

Die gebeizten Filets vor dem Servieren aus der Folie nehmen und die Beize abstreifen.

Zur gebeizten Lachsforelle passen ausgezeichnet eine Dill-Senf-Sauce und frisches Weißbrot. Für eine Dill-Senf-Sauce verrührt man je 4 EL flüssigen Honig und feinen Senf und verfeinert diese Sauce mit fein gehacktem Dill, Salz und Pfeffer.

SPECKBROT IM GLASL
BROTSALAT MIT SPECK UND KRAUT

Zutaten
für 1 Person

Zubereitungszeit: 20 Minuten

2 kleine Scheiben Schwarzbrot
(à 50 g)
2 TL Butter
2 Knoblauchzehen
100 g Weißkraut
2 EL Apfelessig
1 EL Sonnenblumenöl
¼ TL gemahlener Kümmel
Salz
frisch gemahlener schwarzer Pfeffer
40 g luftgetrockneter Speck, in feine
Scheiben geschnitten
frische Dillspitzen zum
Garnieren

Zubereitung

Das Brot in kleine Würfel schneiden. 1 Knoblauchzehe schälen und halbieren.
Die Butter in einer Pfanne schmelzen. Die Brotwürfel und die halbierte Knoblauchzehe darin unter gelegentlichem Wenden anbraten. Wenn das Brot schön knusprig ist, die Pfanne vom Herd nehmen.
Die zweite Knoblauchzehe schälen und pressen. Das Weißkraut mit einem Gemüsehobel in feine Streifen hobeln. Die Weißkrautstreifen in eine Schüssel geben. Den Knoblauch, den Essig, das Öl und den Kümmel hinzufügen und vermengen. Mit Salz und Pfeffer würzen. Den Krautsalat bis zum Anrichten durchziehen lassen.
Die Hälfte des Krautsalats in ein schönes Schraubglas füllen. Die Hälfte der Brotwürfel daraufgeben. Darauf die Hälfte des Specks schichten. Den Vorgang mit dem restlichen Krautsalat, Brot und Speck wiederholen. Nach Belieben mit frischem Dill garnieren.

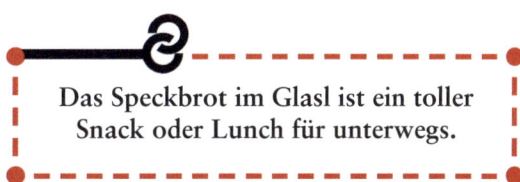

Das Speckbrot im Glasl ist ein toller
Snack oder Lunch für unterwegs.

GUGELHUPF MIT SPECK UND KAS
PIKANTER GUGELHUPF MIT SPECK UND KÄSE

Zutaten
für 12 Personen

Zubereitungszeit: 45 Minuten | Backzeit: 60 Minuten

½ Bund Kräuter (Petersilie,
Schnittlauch, Thymian)
60 g Butter
225 ml Vollmilch
475 g Weizenmehl
1 Würfel frischer Germ (frische
Hefe)
2 Eier (Größe L)
125 g Topfen (Quark, 20% Fettgehalt)
1 kleine rote Zwiebel
½ TL gemahlener Kümmel
Salz
frisch gemahlener schwarzer
Pfeffer
175 g würziger Bergkäse,
gerieben
150 g durchwachsener Speck,
gewürfelt

etwas weiche Butter und
Weizenmehl für die Form

Zubereitung
Die Kräuter waschen, trocknen und fein hacken. Beiseitestellen.
Die 50 g Butter in einem kleinen Topf schmelzen. Die flüssige Butter
beiseitestellen.
Die Milch lauwarm erwärmen und die Hefe unter Rühren darin
auflösen.
Das Mehl in eine Schüssel sieben und eine Mulde hineindrücken. Die
Milch-Hefe-Mischung, die Eier und die flüssige Butter hinzufügen.
Alles mit dem Handrührgerät (Knethaken) zu einem gebundenen
Teig verarbeiten. Dann den Topfen in den Teig einarbeiten.
Die Zwiebel schälen und in feine Würfel schneiden. Die restliche
Butter in einer kleinen Pfanne schmelzen und die Zwiebeln darin
glasig schwitzen. Die Zwiebeln mit den gehackten Kräutern in den
Teig kneten. Den Teig mit dem Kümmel sowie mit Salz und Pfeffer
würzen. Zum Schluss den geriebenen Käse und die Speckwürfel in
den Teig kneten.
Den Teig in eine gefettete Gugelhupfform (24 cm Durchmesser)
füllen. Diese mit einem Tuch bedecken und den Teig an einem
warmen Ort 30 Minuten gehen lassen.
Die Form nach der Gehzeit auf der mittleren Stufe in den auf 175 °C
vorgeheizten Backofen (Umluft) schieben und den Gugelhupf darin
60 Minuten goldbraun backen.

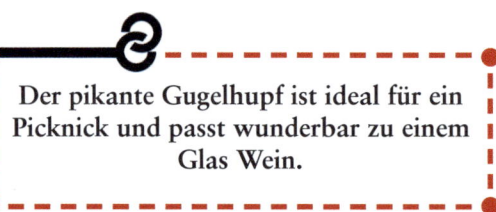

**Der pikante Gugelhupf ist ideal für ein
Picknick und passt wunderbar zu einem
Glas Wein.**

EINGLEGTE EIERSCHWAMMERLN
SAUER MARINIERTE PFIFFERLINGE

Zutaten
für 2 Einmachgläser
(à 500 ml Fassungsvermögen)

Zubereitungszeit: 30 Minuten

500 g frische Eierschwammerl
(Pfifferlinge)
Salz
2–3 Knoblauchzehen
¼ Zwiebel
frisch gemahlener schwarzer Pfeffer
1 TL getrocknete Wacholderbeeren
4–5 Zweige Rosmarin
3–4 getrocknete Lorbeerblätter
150 ml Einlege-Essig (heller Brannt-
weinessig zum Einmachen)
1 EL Kristallzucker
4 EL Olivenöl

Zubereitung
Die Pfifferlinge putzen und die Stielansätze abschneiden. Reichlich
Salzwasser in einem großen Topf erhitzen und die Pfifferlinge darin
3–5 Minuten blanchieren. Die blanchierten Pfifferlinge in ein Sieb
gießen und abtropfen lassen.
Den Knoblauch schälen und halbieren. Die Zwiebel schälen und in
feine Ringe schneiden.
Die Pfifferlinge auf 2 sterile Einmachgläser verteilen und mit etwas
frisch gemahlenem Pfeffer bestreuen. Den Knoblauch, die Zwiebeln,
die Wacholderbeeren, den Rosmarin und die Lorbeerblätter jeweils
zur Hälfte hinzufügen.
Den Essig mit 300 ml Wasser und dem Zucker in einen Topf geben
und aufkochen. Den Zucker unter Rühren auflösen. Den heißen
Essigsud jeweils zur Hälfte über die Pfifferlinge geben. Je 2 EL
Olivenöl darübergeben und die Gläser sofort fest verschließen.
Die Pfifferlinge 1–2 Wochen im Kühlschrank durchziehen lassen.
Ungeöffnet sind sie mehrere Monate haltbar.

Die eingelegten Eierschwammerl passen
wunderbar zur kalten Brotzeit.

FEIG'N-SALOT MIT KASBROT AUS'M OFEN
FEIGENSALAT MIT KNUSPRIGEN KÄSE-CROSTINI

Zutaten
für 4 Personen

Zubereitungszeit: 30 Minuten

Für den Salat
3 Salatherzen
100 g Vogerlsalat (Feldsalat)
50 g Rucola
12 frische Feigen
80 ml weißer Aceto balsamico
80 ml Olivenöl
Saft von ½ Zitrone
Salz
frisch gemahlener schwarzer Pfeffer
frisch gehackte Kräuter nach
Belieben

Für die Käse-Crostini
½ Stange Baguette
200 g würziger Bergkäse

Anrichten
180 g Sauerrahm
Kräutersalz

Zubereitung
Salat
Die Blätter der Salatherzen abzupfen und unter fließendem kaltem Wasser waschen. Den Feldsalat und den Rucola ebenfalls unter fließendem kaltem Wasser waschen. Alle Salatblätter trocken tupfen und auf 4 Tellern anrichten.
Die Feigen in Viertel schneiden.
Den Balsamico, das Olivenöl und den Zitronensaft in einen Dressing-shaker oder ein Schraubglas geben, etwas Salz und Pfeffer hinzu-fügen und das Gefäß verschließen. Das Gefäß 1–2 Minuten schütteln, bis ein gebundenes Dressing entstanden ist. Die Kräuter in das Dressing rühren.

Käse-Crostini
Die Baguettestange schräg in 12 je 1 cm dicke Scheiben schneiden. Den Bergkäse grob reiben und auf den Baguettescheiben verteilen. Die Baguettescheiben auf ein mit Backpapier bedecktes Backblech legen. Das Backblech auf der mittleren Schiene in den auf 180 °C vorgeheizten Backofen (Ober-/Unterhitze) schieben und das Brot darin 10 Minuten überbacken.

Anrichten
Das Dressing über den Salat träufeln. Je 12 Feigenviertel auf jedem Teller verteilen und je 3–4 kleine Nocken Sauerrahm dazusetzen. Alles mit Kräutersalz und Pfeffer bestreuen. Den Salat mit den warmen Käse-Crostini servieren.

RÖHRLSALOT MIT ERDÄPFELN UND SPECK
LÖWENZAHNSALAT MIT KARTOFFELN UND SPECK

Zutaten
für 4 Personen

Zubereitungszeit: 60 Minuten

Für den Salat
250 g festkochende Erdäpfel
(Kartoffeln)
Salz
300 g frischer junger Röhrlsalat
(Löwenzahn)
16–20 ganz feine Scheiben luftgetrockneter Speck

Für das Dressing
2 Knoblauchzehen
125 ml heiße Gemüsesuppe
2 EL flüssiger Honig
2 TL mittelscharfer Senf
5 EL Apfelessig
5 EL Olivenöl
Salz
frisch gemahlener schwarzer Pfeffer

Anrichten
1–2 EL Pinienkerne

Zubereitung
Salat
Die Kartoffeln in reichlich Salzwasser weich kochen. Die garen Kartoffeln abgießen, schälen und halbieren. Junge Kartoffeln verwende ich ungeschält.
Die Löwenzahnblätter putzen und unter fließendem kaltem Wasser gründlich waschen, dann trocken tupfen. Die Löwenzahnblätter anschließend auf 4 tiefe Teller verteilen.

Dressing
Den Knoblauch schälen und in der Presse zerdrücken. Den Knoblauch mit den restlichen Dressingzutaten in einen Dressingshaker oder ein Schraubglas geben, etwas Salz und Pfeffer hinzufügen und das Gefäß verschließen. Das Gefäß 1–2 Minuten schütteln, bis ein gebundenes Dressing entstanden ist.

Anrichten
Die warmen Kartoffeln über den Löwenzahn geben und jeden Teller mit 4–5 Scheiben Speck und einigen Pinienkernen garnieren. Das Dressing über den Salat geben.

VOGERLSALOT MIT KOCHTEN OA UND KRENSOSS'
FELDSALAT MIT POCHIERTEM EI UND MEERETTICH

Zutaten
für 4 Personen

Zubereitungszeit: 30 Minuten

Für das Dressing
150 ml naturtrüber Apfelsaft
3 EL Apfelessig
3 EL Olivenöl
2 EL Naturjoghurt
4 EL frisch geriebener Kren
(Meerrettich)
frisch gemahlener schwarzer
Pfeffer

Für die pochierten Eier
1 Schuss weißer Aceto balsamico
4 Eier

Anrichten
300 g Vogerlsalat (Feldsalat)
4 EL Pinienkerne, leicht geröstet
etwas frisch geriebener Kren
(Meerrettich)
etwas frischer Zitronenthymian

Zubereitung
Dressing
Den Apfelsaft, den Apfelessig, das Olivenöl, den Joghurt und den Kren in einen Dressingshaker oder ein Schraubglas geben, etwas Salz und Pfeffer hinzufügen und das Gefäß verschließen. Das Gefäß 1–2 Minuten schütteln, bis ein gebundenes Dressing entstanden ist. Das Dressing 15 Minuten im Kühlschrank kalt stellen.

Pochierte Eier
In einem großen Topf etwa 1 l Wasser erhitzen und den Aceto balsamico hinzufügen.
Das erste Ei in eine Tasse schlagen. Wenn das Essigwasser fast köchelt, einen Schöpflöffel hineinhalten und das Ei vorsichtig hineingleiten lassen. Wenn das Eiweiß zu stocken beginnt, das Ei aus dem Schöpflöffel gleiten lassen und 3 Minuten pochieren. Das Wasser darf während des Pochiervorgangs nicht kochen. Das pochierte Ei mit einem Schaumlöffel aus den Wasser heben und in einer Schüssel mit kaltem Wasser kurz abschrecken. Dann abtropfen lassen und auf einen Teller legen. Auf diese Weise auch die restlichen Eier pochieren.

Anrichten
Den Feldsalat waschen, abtropfen lassen und zupfen, dann auf 4 tiefe Teller verteilen. Das Dressing über den Salat geben. Auf jeden Salat 1 pochiertes Ei setzen und mit etwas Pfeffer übermahlen. Mit je 1 EL Pinienkernen bestreuen, etwas frisch geriebenen Kren darübergeben und mit Zitronenthymian garnieren.

Achtung: Je länger das Dressing im Kühlschrank zieht, desto intensiver und schärfer wird sein Aroma.

ERDÄPFEL-SALOT MIT STRANKERL UND RADIESERL

- -

KARTOFFELSALAT MIT BOHNEN UND RADIESCHEN

Zutaten
für 6 Personen

Zubereitungszeit: 45 Minuten

750 g vorwiegend festkochende
Kartoffeln (oder kleine junge Früh-
kartoffeln)
Salz
2 kleine Zwiebeln
3 EL neutrales Pflanzenöl
175 g Strankerl (grüne
Bohnen)
250 g Radieschen
100 g Rucola
½ Bund frische Kräuter (nach
Belieben)
225 g fettreduzierte
Mayonnaise
5 EL Apfelessig
1 TL mittelscharfer Senf
frisch gemahlener schwarzer Pfeffer
frische Rosmarinzweige zum
Garnieren (nach Belieben)

Zubereitung

Die Kartoffeln schälen, je nach Größe halbieren oder dritteln und in reichlich Salzwasser gar kochen. (Frühkartoffeln müssen nicht geschält werden.) Die garen Kartoffeln abgießen und abtropfen lassen.

In der Zwischenzeit die grünen Bohnen putzen und die Enden abschneiden. Dann in reichlich Salzwasser 3–4 Minuten sehr bissfest blanchieren, abgießen und in eiskaltem Wasser abschrecken. Die blanchierten Bohnen abtropfen lassen und beiseitestellen.

Die Zwiebeln schälen und in feine Würfel schneiden. 1 EL Pflanzenöl in einer Pfanne erhitzen und die Zwiebeln darin glasig schwitzen. Die gebratenen Zwiebeln dann in eine Schüssel geben.

1 EL Pflanzenöl in der Pfanne erhitzen und die abgetropften Kartoffeln darin scharf anbraten und salzen. Die Kartoffeln zu den Zwiebeln in die Schüssel geben und vermengen.

1 EL Pflanzenöl in der Pfanne erhitzen und die abgetropften Bohnen darin unter Rühren kurz und scharf anbraten. Die Bohnen zu den Kartoffeln geben.

Die Radieschen waschen, das Grün und die Wurzelenden abschneiden. Die Radieschen vierteln und zu den Kartoffeln in die Schüssel geben und alles locker vermengen.

Die Kräuter waschen, trocknen und die Blättchen fein hacken. Den Rucola waschen und verlesen.

Die Mayonnaise mit dem Essig und dem Senf in einen Rührbecher geben und mit 100 ml kaltem Wasser glatt rühren. Die gehackten Kräuter hinzufügen und verrühren. Mit Salz und Pfeffer abschmecken. Das Dressing über den lauwarmen Kartoffel-Bohnen-Salat geben. Kurz vor dem Servieren den Rucola unterheben. Nach Belieben mit frischem Rosmarin garnieren. Lauwarm servieren.

VOGERLSALOT MIT KNUSPRIGE ERDÄPFELN UND KERNÖLDRESSING

FELDSALAT MIT WARMEN KARTOFFELN UND KÜRBISKERNÖL-VINAIGRETTE

Zutaten
für 4 Personen

Zubereitungszeit: 45 Minuten

12–15 junge festkochende Kartoffeln (kleine Früh-kartoffeln)
Salz
300 g Vogerlsalat (Feldsalat)
2 Knoblauchzehen
1 rote Zwiebel
2 EL neutrales Pflanzenöl
frisch gemahlener schwarzer Pfeffer
10 EL Kürbiskernöl
7 EL Apfelessig
4 EL geröstete, geschälte Kürbiskerne

Zubereitung
Die Kartoffeln waschen, gründlich abbürsten und in reichlich Salz-wasser gar kochen, dann abgießen und abtropfen lassen.
In der Zwischenzeit den Feldsalat waschen, putzen und zupfen, dann auf 4 Teller verteilen.
Den Knoblauch schälen und fein hacken. Die Zwiebel schälen und in feine Ringe schneiden.
Das Pflanzenöl in einer Pfanne erhitzen. Die abgetropften Kartoffeln längs halbieren, zugeben und einige Minuten knusprig braun braten. Die Zwiebeln und den Knoblauch zugeben und kurz mitbraten. Die Kartoffeln mit Salz und Pfeffer würzen.
Aus dem Kürbiskernöl, dem Apfelessig und etwas Salz und Pfeffer ein Dressing rühren. Das Dressing über den Feldsalat träufeln.
Die warmen knusprig gebratenen Kartoffeln auf dem Feldsalat verteilen, mit Kürbiskernen bestreuen und servieren.

Wer mag, kann den Salat noch mit gebratenen Speckwürfeln verfeinern.

OSTERN – OSTAFAIA HOAZN, PALMBESEN TROGN UND OALEI TUTSCHN

Das ganze Jahr lang gibt es in Österreich unzählige regionale oder landesweite Feste und Feierlichkeiten, die jeweils mit einer Vielzahl an Traditionen und Bräuchen verbunden sind. Um hier einen Einblick in die vielfältige Brauchtumslandschaft Österreichs geben zu können, lade ich Sie heute auf eine kurze gedankliche Reise zu einer der wichtigsten kirchlichen Feierlichkeit, dem Osterfest, mit seinen vielen, teils uralten Bräuchen ein. Rund um die Osterfeiertage spielt sich so einiges in Österreichs Tälern ab. Alles beginnt mit dem Palmsonntag. Der steht ganz im Zeichen der Palmbuschen. Die im Frühling aufge-

blühten »Palmkatzerl« werden je nach Ort mit oder ohne andere grüne Sträucher wie Buchsbaum, Eibe oder Stechpalmen zu Sträußen (»Buschen«) gebunden und mit bunten Bändern oder Brezeln verziert. Mancherorts werden die Palmbuschen auf lange Stäbe gesteckt und dann von Kindern am Palmsonntag in die Kirche zur Palmweihe getragen. In der Vergangenheit kam es schon auch mal vor, dass der Pfarrer dann die überlangen Stangen mit einer Säge vor dem Kircheinzug kürzen musste. Wer am Palmsonntag vor der Prozession als Letztes aufsteht, ist der »Palmesel«. In anderen Regionen ist der Palmesel (aus Holz oder

als lebendiges Tier) Teil der Palmsonntagsprozession. Als besondere Glücksbringer gelten die am Gründonnerstag gelegten Eier. Die sogenannten Antlasseier werden in besonderen Farben (grün, rot und violett) eingefärbt. Wirft man ein rotes Ei über das Hausdach und bewahrt Eier im Haus auf, soll das vor zahlreichen Unglücken bewahren. Nach dem höchsten Fasttag, dem Karfreitag, brennen am Karsamstag abends in den Tälern und bergigen Regionen die traditionellen Osterfeuer.

So manches Osterfeuer wurde schon als Posse am Abend zuvor von Leuten aus dem Nachbardorf angezündet. Deshalb werden die aufwendig gezimmerten, teils 20 Meter oder höher gebauten Osterfeuer von jungen Burschen bewacht. Der Ostersonntag beendet die lange Fastenzeit. Bei der Speisenweihe werden Schinken, Selchfleisch, Pinzen, Brot und Germteiggebäck, Kren und gefärbte Eier in einem Korb unter einer prächtig bestickten Weihdecke in die Kirche zur Speisenweihe getragen, bevor am reichhaltig gedeckten Ostertisch die Familie Eier peckt oder »tuscht«.

AUS DEM TOPF

SUPPEN

SUMMA-ZUCCHINISUPP'N
KALTE ZUCCHINI-JOGHURT-SUPPE

Zutaten
für 4 Personen

Zubereitungszeit: 20 Minuten

1 Zwiebel
2 Knoblauchzehen
1 EL Olivenöl, etwas mehr zum
Anrichten
4 mittelgroße Zucchini
800 ml eiskalte Gemüsebrühe
500 g stichfester Naturjoghurt
Salz
frisch gemahlener schwarzer
Pfeffer
etwas frisch gepresster
Zitronensaft
¼ TL Chilipulver
einige frische Kräuter
(z.B. Basilikum)

Zubereitung

Die Zwiebel und den Knoblauch schälen und in feine Würfel
schneiden. Das Olivenöl in einem Topf erhitzen. Die Zwiebeln und
den Knoblauch darin glasig schwitzen. Den Topf vom Herd nehmen.
Die Zucchini waschen, trocknen und die Enden abschneiden. Die
Zucchini in grobe Würfel schneiden. Diese mit den Zwiebeln und
dem Knoblauch in den Mixer geben und fein pürieren. Die eiskalte
Gemüsebrühe und den Joghurt zu dem Zucchinipüree geben und
mixen, bis eine sämige Suppe entstanden ist. Die Suppe mit Salz,
Pfeffer, etwas frisch gepresstem Zitronensaft und dem Chilipulver
abschmecken.
Die Suppe auf 4 Schalen verteilen, mit etwas Olivenöl beträufeln
und mit den Kräutern garnieren.

Die Suppe schmeckt noch besser, wenn
man sie vor dem Servieren 30–60 Minuten im Kühlschrank erkalten lässt.

SUPP'N MIT DINKEL-KRÄUTER-FRITTATEN
SUPPE MIT DINKEL-KRÄUTER-PFANNKUCHEN

Zutaten
für 6 Personen

Zubereitungszeit: 30 Minuten

200 g Dinkelmehl Type 630
1 Prise frisch geriebene
Muskatnuss
2 Prisen Salz
etwas frisch gemahlener schwarzer
Pfeffer
400 ml Vollmilch
2 Eier
2 EL gemischte gehackte Kräuter
(z.B. Petersilie, Schnittlauch, Dill
und Kerbel)
Butter zum Anbraten
1,5 l heiße Gemüsebrühe

Zubereitung
Das Mehl in eine Schüssel sieben und mit Muskat, Salz und Pfeffer vermengen. Die Milch und die Eier hinzufügen und alles mit dem Schneebesen zu einem glatten, klümpchenfreien Teig verrühren.
Die gehackten Kräuter in den Teig geben und erneut verrühren.
Den Teig 10 Minuten ruhen lassen.
Etwas Butter in einer Pfanne schmelzen. 1 Schöpfkelle Teig hineingeben und dünn in der Pfanne verteilen. Diese Frittate auf beiden Seiten goldbraun braten. Auf diese Weise den gesamten Teig zu Frittaten verarbeiten.
Zum Anrichten je 1 Frittate zusammenrollen und in feine Streifen schneiden. Die Streifen auf 6 tiefe Teller verteilen, mit der heißen Brühe übergießen und sofort servieren.

RINDSSUPP'N MIT POFESEN

RINDERBOUILLON MIT PIKANTEN ARMEN RITTERN

Zutaten
für 6 Personen

Zubereitungszeit: 45 Minuten | Garzeit: 3 Stunden

Für die Suppe
2 kg küchenfertiges Suppenfleisch
vom Rind (z.B. Rinderbrustkern)
1 TL schwarze Pfefferkörner
1 TL getrocknete Wacholderbeeren
2–3 getrocknete Lorbeerblätter
4 Karotten
3 gelbe Rüben (gelbe Karotten)
½ Knolle Sellerie
2 Zwiebeln
1 Stange Lauch
¼ Bund Petersilie
Salz
frisch gemahlener schwarzer Pfeffer

Für die Pofesen
3 altbackene Semmeln oder altbackenes Weißbrot
7 Eier (Größe L)
Salz
frisch gemahlener schwarzer
Pfeffer
neutrales Pflanzenöl zum Ausbacken

Zubereitung

Suppe
Etwa 4–5 l Wasser in einem sehr großen Topf aufkochen. Das Fleisch unter fließendem kaltem Wasser waschen und dann in das kochende Wasser geben. Die Pfefferkörner, die Wacholderbeeren und die Lorbeerblätter hinzufügen. Dabei den an der Oberfläche entstehenden Schaum abschöpfen. Das Fleisch im geschlossenen Topf bei mittlerer Temperatur 2 Stunden köcheln lassen. Dabei immer wieder den Schaum abschöpfen.
In der Zwischenzeit die Karotten, die Rüben und den Sellerie schälen und in grobe Würfel bzw. Stücke schneiden. Die Zwiebeln schälen und in grobe Würfel schneiden. Den Lauch putzen, vom Wurzelansatz befreien und in Scheiben schneiden. Die Petersilie waschen und grob hacken. Alles Gemüse und die Petersilie nach 2 Stunden Kochzeit in die Suppe geben. Die Suppe nochmals 1 Stunde kochen lassen, dann das Fleisch herausnehmen und 5–10 Minuten ruhen lassen. Die Suppe mit Salz und Pfeffer abschmecken. Das Fleisch kurz vor dem Servieren in Streifen schneiden.

Pofesen
Die Semmeln in etwa 1 cm dicke Scheiben schneiden. Die Eier in eine Schüssel schlagen und verquirlen, dann mit Salz und Pfeffer würzen. Die Weißbrotscheiben durch die verquirlten Eier ziehen. Reichlich Pflanzenöl in einer großen Pfanne erhitzen. Die Pofesen darin portionsweise goldbraun ausbacken, dann herausnehmen und auf Küchenpapier abtropfen lassen.

Anrichten
Die Fleischstreifen in tiefe Suppenteller geben. Jeweils etwas Gemüse dazugeben und mit etwas heißer Suppe aufgießen. Auf jede Suppe 2 heiße Pofesen legen und servieren.

Die Pofesen kann man mit gehackten Kräutern oder frisch geriebenem würzigem Bergkäse verfeinern. Diese Zutaten dann jeweils in die verquirlten Eier rühren.
Pofesen sind eine gelungene Resteverwertung für altbackenes Brot. Sie lassen sich auch gut einfrieren.

GRIASSNOCKERL-SUPP'N
GRIESSNOCKEN IN GEMÜSEBOUILLON

Zutaten
für 4 Personen

Zubereitungszeit: 45 Minuten

Für die Gemüsesuppe
¼ Knolle Sellerie
1 große oder 2 mittelgroße Karotten
¼ Stange Lauch
1 rote Zwiebel
¼ Bund glatte Petersilie
2 EL neutrales Pflanzenöl
Salz
frisch gemahlener schwarzer Pfeffer

Für die Grießnockerl
60 g weiche Butter
1 zimmerwarmes Ei (Größe L)
80 g Hartweizengrieß
Salz

> **Die Grießnockerl können mit geriebenem Bergkäse, gehackten Kräutern oder Topfen verfeinert werden. Diese Zutaten jeweils zum Schluss in den Grießteig rühren.**

Zubereitung

Gemüsesuppe
Den Sellerie schälen und in grobe Würfel schneiden. Die Karotten schälen und in grobe Scheiben schneiden. Den Lauch putzen, vom Wurzelansatz befreien und in Scheiben schneiden. Die Zwiebeln schälen und in grobe Würfel schneiden. Die Petersilie waschen und die Blätter abzupfen.

Das Pflanzenöl in einem Topf erhitzen und die Zwiebeln darin glasig schwitzen. Dann das restliche Gemüse und die Petersilie hinzufügen (einige Petersilienblätter bis zum Anrichten beiseitestellen). Das Gemüse mit 1,5 l Wasser aufgießen und die Suppe 15–20 Minuten köcheln lassen. Die Suppe mit Salz und Pfeffer würzen.

Grießnockerl
Die weiche Butter in eine Rührschüssel geben und mit dem Handrührgerät (Rührbesen) schaumig schlagen. Das zimmerwarme Ei hinzufügen und ca. 30 Sekunden hineinrühren. Anschließend den Grieß hineinrieseln lassen und weiterrühren, bis eine gebundene Masse entstanden ist. Diese salzen. Die Schüssel in den Kühlschrank stellen. In einem großen Topf reichlich Salzwasser aufkochen. 2 Teelöffel kurz in das heiße Wasser tauchen – das verhindert ein Klebenbleiben der Teigmasse an den Löffeln. Von dem Grießteig dann kleine Nocken abstechen, oval formen und in das siedende Wasser gleiten lassen. Die Nockerl etwa 10–15 Minuten im siedenden Wasser gar ziehen lassen. (Die Grießnockerl sollten nach der Kochzeit auf ungefähr das doppelte Volumen aufgegangen sein.) Mit einem Schaumlöffel aus dem Topf heben und kurz abtropfen lassen.

Anrichten
Die Nockerl in Suppentellern anrichten und etwas Suppengemüse dazugeben. Mit heißer Suppe übergießen und mit etwas Petersilie garnieren.

KASPRESSKNED'L-SUPP'N
SUPPE MIT GEBRATENEN KÄSEKLÖSSCHEN

Zutaten
für 6 Personen

Zubereitungszeit: 60 Minuten

Für die Knödel
200 g Knödelbrot oder altbackene Semmelwürfel
125 ml lauwarme Vollmilch
1 kleine Zwiebel
4 EL Olivenöl
2 Eier
Salz
frisch gemahlener schwarzer
Pfeffer
125 g würziger Bergkäse, grob
gerieben

Für die Suppe
1 große Zwiebel
1 Petersilienwurzel
2 Scheiben Knollensellerie
1 Stängel glatte Petersilie
2–3 gemischte Karotten (orange
und gelb)
Salz
frisch gemahlener schwarzer
Pfeffer
frische Gartenkresse zum
Garnieren

Zubereitung
Knödel
Das Knödelbrot in eine Schüssel geben und mit der lauwarmen Milch
übergießen. Die Schüssel mit einem Teller bedecken und das
Knödelbrot 10 Minuten einweichen.
Die Zwiebel schälen und in ganz feine Würfel schneiden.
2 EL Olivenöl in einer Pfanne erhitzen. Die Zwiebeln darin glasig
schwitzen. Den gesamten Pfanneninhalt zu dem eingeweichten Brot
geben. Die Eier hinzufügen, mit Salz und Pfeffer würzen und das Gemisch mit den Händen zu einem gebundenen Knödelteig verkneten.
Zum Schluss den grob geriebenen Bergkäse dazugeben und nochmals kurz durchkneten.
Den Knödelteig ca. 20 Minuten zugedeckt ruhen lassen. Während
der Ruhezeit die Suppe zubereiten (siehe unten).
Aus dem Knödelteig kleine Knödel (3 cm Durchmesser) formen
und diese leicht flach drücken. Das restliche Olivenöl (2 EL) in einer
großen Pfanne erhitzen. Die Knödel im heißen Öl einige Minuten
goldbraun anbraten, dabei mehrmals wenden.

Suppe
Die Zwiebel, die Petersilienwurzel und den Sellerie schälen und in
kleine Würfel schneiden.
Das gewürfelte Gemüse und den ganzen Petersilienstängel in
einen großen Topf geben und mit 1,5 l kaltem Wasser auffüllen.
Das Wasser zum Kochen bringen, salzen und pfeffern. Die Suppe
ca. 10–15 Minuten kochen.
Währenddessen die Karotten schälen und mit einem Gemüsehobel
längs in feine Streifen hobeln. Die Karottenstreifen in die Suppe
geben und ca. 10 Minuten weiterkochen, bis das Gemüse bissfest
gegart ist. Den Petersilienstängel entfernen und die Suppe mit Salz
und Pfeffer abschmecken.

Anrichten
Je 2–3 Kaspressknödel in tiefen Tellern anrichten und mit der Suppe
aufgießen. Dann mit Gartenkresse garnieren und sofort servieren.

OAWASSUPP'N MIT TOPFENNOCKERLN
ERBSENSCHAUMSUPPE MIT TOPFEN-GRIESS-NOCKEN

Zutaten
für 4 Personen

Zubereitungszeit: 45 Minuten

Für die Nockerl
100 g Hartweizengrieß
250 g Topfen (Quark, 20% Fettgehalt)
100 g Sauerrahm
2 Eier
Salz

Für die Suppe
1 Zwiebel
4 EL Olivenöl
600 g frische Erbsenkerne (ersatzweise tiefgefroren)
125 ml trockener Weißwein
800 ml heiße Gemüsebrühe
125 ml Vollmilch
100 g Crème fraîche
Salz
frisch gemahlener schwarzer Pfeffer
etwas frischer Thymian zum
Garnieren

Zubereitung
Nockerl
Den Grieß mit dem Topfen, dem Sauerrahm und den Eiern in eine Schüssel geben und zu einer gebundenen Masse verrühren. Die Schüssel 15 Minuten in den Kühlschrank stellen. Während der Kühlzeit die Suppe vorbereiten.
Nach der Kühlzeit von diesem Teig mit zwei Esslöffeln etwa 12 Nocken abstechen.
In einem großen Topf reichlich Salzwasser aufkochen. Die Grießnockerl in das siedende Wasser gleiten lassen und 5 Minuten garen. Die fertigen Nockerl mit einem Schaumlöffel aus dem Topf heben und abtropfen lassen. Die Nockerl bis zum Anrichten warm halten.

Suppe
Die Zwiebel schälen und in feine Würfel schneiden. Das Olivenöl in einem Topf erhitzen und die Zwiebeln darin glasig schwitzen. Die Erbsen hinzufügen und unter Rühren anbraten. Dann mit dem Weißwein ablöschen und die Flüssigkeit unter Rühren einkochen lassen. Anschließend mit der heißen Brühe und der Milch auffüllen.
Die Suppe im geschlossenen Topf bei mittlerer Temperatur 15 Minuten köcheln lassen, bis die Erbsen weich sind. Die Suppe dann mit dem Pürierstab cremig mixen. Die Crème fraîche hinzufügen, die Suppe mit Salz und Pfeffer abschmecken und nochmals durchmixen.

Anrichten
Je 3 Nockerl in vier tiefe Teller geben und die heiße Suppe angießen. Zum Schluss etwas schwarzen Pfeffer darübermahlen und mit Thymian garnieren.

GELBE KIRCHTAGS-SUPP'N
SAURE SUPPE MIT DEFTIGER FLEISCHEINLAGE

Zutaten
für 4 Personen

Zubereitungszeit: 75 Minuten

120 g Suppenfleisch vom Rind
120 g Hühnerbrust (ohne Haut)
120 g Schweinefleisch (aus der Schulter)
1 kleine Zwiebel
75 g Knollensellerie
1 große Karotte
2–3 getrocknete Wacholderbeeren
2 getrocknete Lorbeerblätter
Salz
frisch gemahlener schwarzer Pfeffer
1 TL Safranfäden
200 ml trockener Weißwein
200 ml flüssiges Schlagobers
etwas Weißweinessig zum Abschmecken
gemischte Kräuter zum Garnieren (z.B. Oregano, Rosmarin)

Zubereitung

Das Fleisch unter fließendem kaltem Wasser waschen, dann, ohne es in Stücke zu schneiden, mit 750 ml kaltem Wasser in einen großen Topf geben. Das Wasser zum Kochen bringen, dabei den an der Oberfläche entstehenden Schaum abschöpfen. Die Suppe 30 Minuten bei mittlerer Temperatur zugedeckt köcheln lassen.

In der Zwischenzeit die Zwiebel und den Sellerie schälen und in feine Würfel schneiden. Die Karotte ebenfalls schälen und in feine Scheiben schneiden. Das Gemüse nach 30 Minuten Kochzeit in die Suppe geben, dabei auch die Wacholderbeeren und Lorbeerblätter hinzufügen. Die Suppe weitere 20 Minuten köcheln lassen.

Den Topfinhalt anschließend durch ein Sieb in einen zweiten Topf gießen. Das Fleisch entnehmen und beiseitestellen. Den Safran, den Wein und das Schlagobers in die Suppe rühren und kurz ziehen lassen. Die Suppe mit dem Pürierstab aufmixen.

Das Fleisch in kleine Würfel schneiden und zurück in die Suppe geben. Die Suppe erneut aufkochen und mit Salz, Pfeffer und etwas Essig abschmecken.

Die Kirchtagssuppe auf 4 Suppenschalen verteilen. Nach Belieben mittig einige gegarte Karottenscheiben in die Suppe geben. Vor dem Servieren mit den Kräutern garnieren.

In Kärnten wird die gelbe Suppe traditionell rund um den Villacher Kirchtag (am ersten Augustsamstag) gegessen. Dazu isst man einen Kärntner Reindling – einen Germteigkuchen mit Nuss-Rosinen-Fülle.

GAILTALER KASSUPP'N
FEINE KÄSESCHAUMSUPPE

Zutaten
für 4 Personen

Zubereitungszeit: 30 Minuten

1 große Zwiebel
40 g Butter
40 g Weizenmehl
1 l Gemüsebrühe
100 g würziger Bergkäse, frisch
gerieben
1 EL Sauerrahm
Salz
frisch gemahlener schwarzer Pfeffer

Zubereitung
Die Zwiebel schälen und in feine Würfel schneiden. Die Butter in einem großen Topf schmelzen und die Zwiebeln darin glasig schwitzen. Das Mehl darüberstäuben und gut verrühren. Nach und nach mit der kalten Gemüsebrühe aufgießen und alles gut verrühren, damit keine Klümpchen entstehen. Die Suppe unter ständigem Rühren zum Kochen bringen. Die Suppe kurz köcheln lassen, dann mit dem Pürierstab aufmixen. Den Käse und den Sauerrahm hinzufügen und erneut aufmixen. Die Suppe darf nicht mehr kochen. Zum Schluss mit Salz und Pfeffer abschmecken und servieren.

Die Käsesuppe mit ein paar Tropfen Olivenöl, Milchschaum und frisch gemahlenem Pfeffer garnieren. Dazu passen ein Zweigerl Thymian und frisch geröstete Brotcroûtons.

RÄUCHERFORELL'N-SUPP'N

CREMIGE FISCHSUPPE VON DER HEIMISCHEN FORELLE

Zutaten
für 4 Personen

Zubereitungszeit: 35 Minuten

1 große Zwiebel
2 Knoblauchzehen
3–4 mittelgroße mehligkochende
Kartoffeln
3 EL Olivenöl
250 g geräucherte Forellenfilets
250 ml trockener Weißwein
1 l Fischfond (oder Gemüsebrühe)
Salz
frisch gemahlener schwarzer
Pfeffer
250 ml flüssiges Schlagobers
250 ml Vollmilch
einige Zweige Thymian

Zubereitung
Die Zwiebel schälen und in feine Würfel schneiden. Den Knoblauch schälen und ebenfalls in feine Würfel schneiden. Die Kartoffeln schälen und in kleine Würfel schneiden.
Das Olivenöl in einem großen Topf erhitzen. Die Zwiebeln und den Knoblauch darin glasig schwitzen. Dann die Kartoffeln hinzufügen und unter Rühren farblos anbraten.
Die Forellenfilets zerpflücken und dazugeben. Mit dem Weißwein ablöschen. Sobald die Flüssigkeit verkocht ist, mit dem Fischfond aufgießen und aufkochen. Die Suppe bei mittlerer Temperatur 15 Minuten köcheln lassen.
Die Suppe anschließend mit dem Pürierstab fein durchmixen. Mit Salz und Pfeffer würzen, dann das Schlagobers hinzufügen und die Suppe mit dem Pürierstab kräftig schaumig mixen.
Die Milch erhitzen und aufschäumen. Die Suppe auf dekorative Schalen oder Gläser verteilen, dann mit dem Milchschaum und etwas Thymian garnieren. Sofort servieren.

Statt Fischfond kann man Gemüsebrühe verwenden, statt Räucherforelle ebenso frische, küchenfertige Forellenfilets (ohne Haut).

PLUTZA-SUPP'N

KLASSISCHE KÜRBISCREMESUPPE

Zutaten
für 4 Personen

Zubereitungszeit: 40 Minuten

1 mittelgroße Zwiebel
500 g Kürbis (z.B. Hokkaido)
2 EL Olivenöl
750 ml Gemüsebrühe
100 g Crème fraîche
Salz
frisch gemahlener schwarzer Pfeffer
2 EL Kürbiskernöl zum Garnieren
2 EL blanchierte gehackte Haselnusskerne, geröstet
einige Petersilienblättchen zum
Garnieren

Zubereitung
Die Zwiebel schälen und in feine Würfel schneiden. Den Kürbis schälen und entkernen, dann in grobe Würfel schneiden.
Das Olivenöl in einem großen Topf erhitzen. Die Zwiebeln darin glasig schwitzen. Die Kürbiswürfel hinzufügen und unter Rühren anbraten. Dann mit der Gemüsebrühe auffüllen und aufkochen. Den Topfinhalt auf mittlerer Stufe köcheln lassen, bis der Kürbis weich ist. Die Suppe mit dem Pürierstab durchmixen, dann die Crème fraîche hineinrühren und nochmals kurz aufmixen. Mit Salz und Pfeffer abschmecken.
Die Kürbiscremesuppe in tiefen Tellern anrichten und mit etwas Kürbiskernöl, einigen gerösteten Haselnüssen und Petersilienblättchen garnieren.

BRENNSUPP'N MIT KNUSPRIGA BROTRIND'N UND AUSGLOSS'NAN SPECK

MEHLSUPPE MIT CROÛTONS UND SPECKCHIPS

Zutaten
für 4 Personen

Zubereitungszeit: 30 Minuten

1 Zwiebel
4 EL neutrales Pflanzenöl
3 EL Weizenmehl
1 l Gemüsebrühe
Salz
frisch gemahlener schwarzer Pfeffer
1 Ei (Größe L)
1 kleines Stück Schwarzbrot
(ca. 150 g)
1 Knoblauchzehe
1 Zweig frischer Thymian
100 g luftgetrockneter Speck, in feine
Scheiben geschnitten

Zubereitung

Die Zwiebel schälen und in ganz feine Würfel schneiden. 3 EL Pflanzenöl in einem großen Topf erhitzen und die Zwiebeln darin glasig schwitzen.

Das Mehl mit einem Schneebesen hineinrühren, dabei darauf achten, dass keine Klümpchen entstehen. Diese Mehlschwitze (»Einbrenn«) nach und nach mit der Gemüsebrühe aufgießen, dabei stetig weiterrühren. Die Suppe unter Rühren 20 Minuten köcheln lassen, bis sie schön sämig ist. Dann den Topf vom Herd nehmen und die Suppe mit dem Pürierstab durchmixen. Dann mit Salz und Pfeffer würzen.

Das Ei in eine kleine Schüssel schlagen und verquirlen, dann in die heiße Suppe rühren und nochmals durchmixen. Die Suppe nicht mehr kochen lassen.

Das Brot auf der Schneidemaschine in 2 mm dünne Scheiben schneiden und grob zerzupfen.

Das restliche Pflanzenöl (1 EL) in einer Pfanne erhitzen. Das Brot, den Speck, den Knoblauch und den Thymianzweig darin anbraten, bis die Brotscheiben und der Speck schön knusprig sind.

Die Suppe auf 4 tiefe Teller verteilen. Die Croûtons und den Speck darübergeben und servieren.

Legt man das Brotstück vor dem Aufschneiden einige Minuten in das Tiefkühlfach, lässt es sich viel besser in dünne Scheiben schneiden.

EACHTLINGCREMESUPPE MIT KNUSPRIGEN EACHTLINGCHIPS

KARTOFFELCREMESUPPE MIT KNUSPERCHIPS

Zutaten
für 6 Personen

Zubereitungszeit: 45 Minuten

1 kg festkochende oder vorwiegend festkochende Kartoffeln
2 mittelgroße Zwiebeln
200 ml Sonnenblumenöl zum Frittieren, etwas mehr zum Anbraten
1,8 l Gemüsebrühe
150 g Crème fraîche
Salz
frisch gemahlener schwarzer Pfeffer
etwas hochwertiges Öl (z.B. geräuchertes Olivenöl) zum Garnieren (nach Belieben)
Kresse zum Garnieren (nach Belieben)

Zubereitung

4–5 Kartoffeln schälen und in feine Würfel schneiden. Die Kartoffelwürfel sofort in kaltes Wasser legen, damit sie sich nicht verfärben. Die Zwiebeln ebenfalls schälen und in feine Würfel schneiden. Etwas Sonnenblumenöl in einem großen Topf erhitzen. Die Zwiebeln darin glasig schwitzen. Dann die abgetropften Kartoffelwürfel dazugeben und kurz anbraten. Die Gemüsebrühe angießen, aufkochen und die Kartoffeln auf mittlerer Stufe 15–20 Minuten weich kochen. Wenn die Kartoffeln weich sind, den Topfinhalt mit dem Pürierstab durchmixen, die Crème fraîche hineinrühren und nochmals durchmixen. Die Suppe mit Salz und Pfeffer abschmecken.
Für die Chips die restlichen Kartoffeln schälen und in kaltes Wasser legen.
Das Sonnenblumenöl in einem großen, hohen Topf erhitzen. Die Kartoffeln abtropfen lassen und nach und nach mit einem Gemüsehobel in ganz feine Scheiben hobeln. Die Kartoffelscheiben im heißen Öl portionsweise (nicht zu viele Scheiben in den Topf geben, sonst kleben sie zusammen) knusprig goldbraun frittieren. Die frittierten Kartoffeln mit einem Schaumlöffel aus dem Topf heben, auf Küchenpapier abtropfen lassen und dann in eine Schüssel geben. Die fertigen Chips mit Salz bestreuen und die Schüssel kurz rütteln.
Die Suppe in tiefen Tellern anrichten und mit den Chips sowie nach Belieben mit etwas geräuchertem Olivenöl und Kresse garnieren.

Die Suppe kann man noch mit etwas Weißwein verfeinern: Dafür die Zwiebeln nach dem Anschwitzen mit 150 ml trockenem Weißwein ablöschen und diesen reduzieren, bevor die Kartoffeln in den Topf kommen.

SIASSE MUAGGEN-SUPP'N
KAROTTEN-ORANGEN-SUPPE

Zutaten
für 4 Personen

Zubereitungszeit: 45 Minuten

8–10 Karotten (je nach Größe)
1 kleine Zwiebel
1 Knoblauchzehe
2 EL Olivenöl
200 ml frisch gepresster Orangensaft
750 ml Gemüsebrühe
175 ml flüssiges Schlagobers
Kräutersalz
frisch gemahlener schwarzer Pfeffer
4 EL grob gehackte Walnusskerne
1–2 Zweige glatte Petersilie
etwas Kürbiskernöl zum Beträufeln

Zubereitung

Die Karotten schälen und in Scheiben schneiden. Die Zwiebel und den Knoblauch schälen und in feine Würfel schneiden.
Das Olivenöl in einem Topf erhitzen. Die Zwiebeln und den Knoblauch darin glasig schwitzen. Die Karottenscheiben dazugeben und unter Rühren anbraten. Erst den Orangensaft angießen, dann mit der Gemüsebrühe auffüllen und die Flüssigkeit aufkochen. Die Suppe im geschlossenen Topf bei mittlerer Temperatur 30 Minuten köcheln lassen, bis die Karotten weich sind. Die Suppe dann mit dem Pürierstab cremig mixen. Das Schlagobers hinzufügen, die Suppe mit Salz und Pfeffer abschmecken und nochmals durchmixen.
Die Suppe auf Suppenschalen verteilen, mit den gehackten Walnüssen bestreuen und mit einigen Petersilienblättchen garnieren. Nach Belieben mit etwas Kürbiskernöl beträufeln.

Etwas würziger und »asiatischer« wird die Suppe, wenn man vor dem Pürieren etwa 70 g geriebenen frischen Ingwer hinzufügt und sie zum Schluss statt mit Petersilie mit frischen Korianderblättchen bestreut (für 4 Portionen ½ Bund).

Die Bilder entstanden an der Alexanderhütte (mit Schaukäserei) und dem Granattor

ALMKUCHL – IN DIE BERG WERD GUAT 'KOCHT

Die in den Bergen angesiedelten Almen und Hütten sind so charakteristisch für Österreich wie die Alpenmassive selbst. Hier tummeln sich im Sommer neben dem heimischen Vieh, dass saftige Wiesen, die Höhenluft und reichlich Auslauf genießt, Sennerinnen und Halterbuben, denen oftmals ein besonderer Freigeist nachgesagt wird. Freilich lockt heute, wo ein moderner Almbetrieb vorwiegend der Bewirtschaftung dient, die Alm hauptsächlich Wanderer zum Einkehren. Dennoch sorgt ein besonderes »Almkulinarium« mit frischen, heimischen und echten Zutaten für »Schmankerln de luxe«.

Wer sich aber verirrt in eine der urigen Hütten, in der nur der Kamin für Wärme sorgt, das kalte Wasser aus dem »Brunntrog« die einzige Waschquelle ist und das hölzerne Plumpsklo mit seinem ausgeschnittenen Herz-Guckloch keine schöne Deko, sondern das wahre Almleben ist, der spürt eine tiefe Erholung und Echtheit, die ihresgleichen sucht. Der konzentriert sich gerne auf die einfachen Dinge des Lebens und kehrt in sich – um das besondere Almleben in seiner Einfachheit und Natürlichkeit voll zu erleben.

So einfach, bodenständig, aber gut ist die Almküche selbst. Sie zeichnete sich stets dadurch aus,

dass aus den wenigen auf der Alm vorhandenen Zutaten reichhaltige, einfache Gerichte ohne viel Schnickschnack zubereitet wurden, die die Sennerinnen und Halter nach ihren langen und harten Tagen auf der Alm stärkten. Kühlmöglichkeiten und ausgefallene Zutaten waren nicht vorhanden. Dafür frische Milch, Butter, (oftmals) würziger Almkäse aus den eigenen Almsennereien. So ist die Küche geprägt durch rustikale, sättigende Speisen wie (Melcher-)Muas, Grieß- oder Rahmkoch, Schmarren, Sterz, Nidei (Nocken aus Erdäpfeln), Schwammerl oder Rührlmilch und natürlich Kas- oder (Alm)Butterbrot. Auf offenem Feuer zubereitete, reichhaltige Gerichte, die noch heute in abgewandelter Form gerne auf dem Speiseplan stehen.

Der Lungauer Sage nach ziehen über die kalten Wintermonate die sogenannten Kasmandln in die Almen ein und hausen in den verlassenen Hütten, um sich vor der Kälte zu schützen. Beim traditionellen Kasmandl-Brauch gehen als Waldmännchen, Hoitabua, Sennerin, Stier und Kuh verkleidete Kinder zu Martini in der Dämmerung von Haus zu Haus, sagen dort Reime und Gedichte auf und bringen den Almsegen mit. Sie verteilen Schnurraus – ein traditionelles Schmalzgebäck. Die Sennerinnen und Halterbuben lassen ihnen nach dem traditionellen Almabtrieb, wo das Vieh reich geschmückt von der Alm getrieben wird, etwas Holz, Brot und Käsestücke in der Hütte, um den Kasmandl den langen, harten Winter zu erleichtern – bevor im Frühling wieder Mensch und Vieh in die Hütten einziehen, um einen sonnigen Almsommer in den Bergen erleben!

AUS DEM GARTEN, VON DER WEIDE UND AUS DEM WASSER

HAUPTGERICHTE MIT GEMÜSE, FISCH UND FLEISCH

KÄRNTNER KASNUDELN FÜR FAULE
KRÄUTERPASTA MIT FRISCHKÄSENOCKEN

Zutaten
für 4 Personen

Zubereitungszeit: 25 Minuten

½ Bund Schnittlauch
½ Bund glatte Petersilie
1 Handvoll Minzeblättchen oder
Dillspitzen
35 ml Sonnenblumenöl
Saft von ½ Zitrone
500 g breite Bandnudeln (Papardelle)
Salz
frisch gemahlener schwarzer Pfeffer
175 g Crème fraîche

Zubereitung

Die Kräuter waschen, trocknen und ein paar zum Garnieren zur Seite geben. Die restlichen Kräuter hacken, in eine Schüssel geben und das Öl darübergießen. Den frisch gepressten Zitronensaft hinzufügen und locker vermengen.

Die Bandnudeln in reichlich gesalzenem Wasser nach Packungsanleitung al dente kochen.

Die gehackten Kräuter mit der Marinade in eine Pfanne geben und kurz erhitzen. Die gegarten, tropfnassen Papardelle hinzufügen und alles locker vermengen.

Die Papardelle auf 4 Tellern anrichten, mit frisch gemahlenem Pfeffer bestreuen und mit den beiseitegelegten frischen Kräutern garnieren. Kurz vor dem Servieren auf jede Nudelportion einige Crème-fraîche-Nocken geben.

Wenn man kurz vor dem Servieren zusätzlich etwas frisch geriebenen Bergkäse über die Nudeln gibt, schmecken sie noch würziger.

SPINAT-ALMKAS-NUDELN AUS EINER REIN
ONE-POT-PASTA MIT SPINAT UND KÄSE

Zutaten
für 2 Personen

Zubereitungszeit: 30 Minuten

250 g Pasta nach Wahl (z.B. Penne)
550 ml Gemüsebrühe
120 g mildwürziger geriebener
Almkäse
2 EL Frischkäse (Natur)
100 ml Vollmilch
2 Handvoll junge Spinatblätter,
geputzt und verlesen
1–2 Zehen junger Knoblauch
3–4 Zweige Thymian (oder 1 EL
getrockneter gerebelter Thymian)
Salz
frisch gemahlener schwarzer Pfeffer

Zubereitung

Alle Zutaten in einen großen Topf geben, vermischen und einen Deckel auf den Topf setzen. Den Topfinhalt erhitzen und auf mittlerer Stufe 15–18 Minuten garen. Dabei soll die Flüssigkeit stets sieden. Die Pasta während des Kochens 3–4-mal umrühren, damit sich nichts am Boden absetzt. Den Topf vom Herd nehmen, sobald die Nudeln fast gar sind. Die One-Pot-Pasta im geschlossenen Topf noch etwa 5 Minuten ziehen lassen, dann nochmals mit Salz und Pfeffer abschmecken und servieren.

Die Pasta vor dem Servieren noch mit ein paar frischen Blättern Spinat bestreuen, dann sieht sie noch schöner aus.

G'RÜHRTE ERDÄPFELN MIT EIERSCHWAMMERL

PFANNENGERÜHRTE KARTOFFELN MIT PFIFFERLINGEN

Zutaten

für 4 Personen als Beilage oder
2 Personen als Hauptgericht

Zubereitungszeit: 40 Minuten

750 g festkochende Kartoffeln
1 Zwiebel
1 Knoblauchzehe
2 EL neutrales Pflanzenöl
225 ml trockener Weißwein
1 EL Apfelessig
650 ml heiße Gemüsebrühe
250 g frische Eierschwammerl
(Pfifferlinge)
120 g würziger Bergkäse
60 g kalte Butter
Salz
frisch gemahlener schwarzer
Pfeffer
etwas edelsüßes Paprikapulver

Zubereitung

Die Kartoffeln schälen und in kleine Würfel schneiden. Die Zwiebel und den Knoblauch ebenfalls schälen und in feine Würfel schneiden. Das Pflanzenöl in einer Pfanne erhitzen. Die Zwiebeln und den Knoblauch darin glasig schwitzen. Die Kartoffeln hinzufügen und unter stetigem Rühren 5 Minuten rundherum anbraten, dann mit dem Weißwein und dem Apfelessig ablöschen. Sobald die Flüssigkeit verkocht ist, schöpflöffelweise die heiße Gemüsebrühe angießen. Dabei immer erst Gemüsesuppe hinzufügen, wenn die Kartoffeln die Flüssigkeit aufgenommen haben. So verfahren, bis die Kartoffeln schön sämig sind.

Währenddessen die Pfifferlinge putzen und die Stielansätze abschneiden. Große Pfifferlinge halbieren. Die Pfifferlinge beiseitestellen.

Den Bergkäse fein reiben, etwas zum Anrichten zurückbehalten. Den restlichen Käse mit 50 g kalten Butterwürfeln in die Kartoffeln rühren. Mit Salz und Pfeffer abschmecken.

Die restliche Butter in einer zweiten Pfanne schmelzen und die Pfifferlinge darin anbraten. Mit Salz, Pfeffer und etwas Paprikapulver abschmecken.

Die cremigen Kartoffeln auf tiefen Tellern anrichten und die Pfifferlinge darübergeben. Mit dem restlichen Bergkäse bestreuen und servieren.

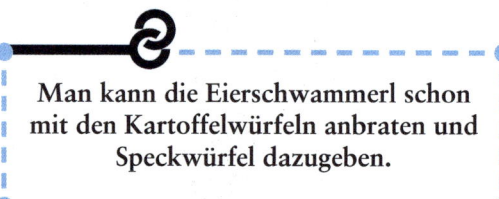

Man kann die Eierschwammerl schon mit den Kartoffelwürfeln anbraten und Speckwürfel dazugeben.

SCHUPFNUDL'N MIT HUNDSKNOFELPESTO
KARTOFFELNUDELN MIT BÄRLAUCHPESTO

Zutaten
für 4 Personen

Zubereitungszeit: 60 Minuten

Für das Bärlauchpesto
1 Bund frischer Bärlauch
1 EL Pinienkerne
100 ml Olivenöl
40 g frisch geriebener Parmesan
Salz

Für die Schupfnudeln
500 g mehligkochende
Erdäpfel (Kartoffeln)
Salz
1 Ei
50 g Weizenmehl
50 g Wiener Grießler
(doppelgriffiges Weizenmehl)
etwas Weizenmehl zum Arbeiten

Fertigstellen
etwas geriebener Parmesan zum
Bestreuen

Zubereitung
Bärlauchpesto
Den Bärlauch waschen und fein hacken, dann mit den Pinienkernen und dem Olivenöl in einen Mixbecher geben und mit dem Pürierstab kurz durchmixen. Den frisch geriebenen Parmesan mit einem Löffel gut unterrühren. Das Pesto mit Salz abschmecken.
Das Pesto bis zur Weiterverwendung beiseitestellen.

Schupfnudeln
Die Kartoffeln schälen, in grobe Stücke schneiden und in reichlich Salzwasser weich kochen. Die gekochten Kartoffeln in ein Sieb schütten und abtropfen lassen, dann durch die Kartoffelpresse in eine Schüssel drücken und kurz ausdampfen lassen. Die Kartoffeln salzen. Das Ei und die Mehle hinzufügen und alles mit den Händen zu einem gebundenen Teig verkneten.
In einem großen Topf reichlich Salzwasser zum Kochen bringen. Aus dem Kartoffelteig zwischen den Handflächen fingerdicke Schupfnudeln formen. Diese in das siedende Wasser gleiten lassen und 4–5 Minuten ziehen lassen. Sie sind gar, wenn sie an der Wasseroberfläche schwimmen. Die garen Schupfnudeln mit einem Schaumlöffel aus dem Wasser heben und kurz abtropfen lassen.

Fertigstellen
Etwas Pesto in einer Pfanne erwärmen. Die Schupfnudeln in die Pfanne geben und mit dem restlichen Pesto bedecken, dann gut vermengen. Die Schupfnudeln auf 4 tiefe Teller verteilen, mit etwas frisch geriebenem Parmesan bestreuen und heiß servieren.

RONA-RISOTTO MIT GOASKAS-NOCKERL
ROTE-RÜBEN-RISOTTO MIT ZIEGENFRISCHKÄSENOCKEN

Zutaten
für 4 Personen

Zubereitungszeit: 30 Minuten

1 Zwiebel
500 g vorgegarte rote Rüben
1 EL Olivenöl
350 g Risotto-Reis
250 ml trockener Weißwein
1 l heiße Gemüsebrühe
80 g frisch geriebener Parmesan
20 g kalte Butterwürfel
Salz
frisch gemahlener schwarzer Pfeffer
225 g Ziegenfrischkäse
frische Dillspitzen zum Garnieren

Zubereitung

Die roten Rüben in feine Würfel schneiden und beiseitestellen.
Die Zwiebel schälen und in feine Würfel schneiden. Das Olivenöl
in einem großen Topf erhitzen und die Zwiebelwürfel darin anschwitzen. Den Reis hinzufügen und unter stetigem Rühren glasig
schwitzen, dann mit dem Weißwein ablöschen. Sobald der Weißwein
verkocht ist, die heiße Gemüsebrühe schöpflöffelweise hinzufügen
und unter gelegentlichem Rühren einkochen lassen. Dabei immer
erst Brühe hinzufügen, wenn der Reis die Flüssigkeit aufgenommen
hat. Nach 15 Minuten Garzeit die gewürfelten roten Rüben in den
Risotto rühren. Den Risotto weiter schöpflöffelweise mit Gemüsebrühe aufgießen und weitere 7–10 Minuten garen, bis der Reis gar,
aber noch bissfest ist. Dann den Parmesan in den Risotto rühren,
dabei einige Parmesanspäne für das Anrichten zurückbehalten.
Zum Schluss die Butter in den Risotto rühren und mit Salz und Pfeffer
abschmecken.
Den Risotto auf 4 tiefe Teller verteilen, einige Dillspitzen und je
1 Nocke Ziegenfrischkäse daraufgeben. Mit einigen Parmesan-
spänen und etwas Pfeffer bestreuen.

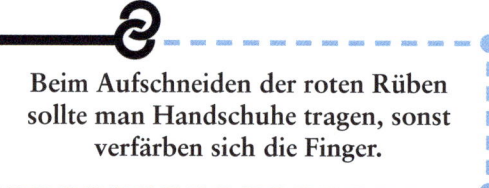

Beim Aufschneiden der roten Rüben
sollte man Handschuhe tragen, sonst
verfärben sich die Finger.

KASNOCKEN AUS'M REINDL
KÄSESPÄTZLE AUS DER PFANNE

Zutaten
für 4 Personen

Zubereitungszeit: 45 Minuten

Für die Zwiebelringe
1 Zwiebel
etwas Weizenmehl
500 ml neutrales Pflanzenöl

Für die Eiernockerl
375 g Weizenmehl
3 Eier
175 ml Vollmilch
Salz

Für die Käsespätzle
1 Zwiebel
230 g würziger Bergkäse
50 g Butter
gegarte Eiernockerl (siehe oben)
Salz
frisch gemahlener schwarzer Pfeffer

Zum Anrichten
1 Bund Schnittlauch oder 1 Kästchen
Gartenkresse

Zubereitung
Zwiebelringe
Die Zwiebel schälen und in feine Ringe schneiden. Die Zwiebelringe in etwas Mehl wenden, überschüssiges Mehl abklopfen.
Das Pflanzenöl in einem großen Topf erhitzen. Die Zwiebelringe darin knusprig braun ausbacken. Die frittierten Zwiebelringe mit einem Schaumlöffel aus dem Topf heben und auf Küchenpapier abtropfen lassen.

Eiernockerl
Das Mehl in eine Rührschüssel sieben. Die Eier, die Milch und etwas Salz hinzufügen und alles mit dem Handrührgerät (Knethaken) zu einem gebundenen Teig verkneten.
Reichlich Salzwasser in einem großen Topf zum Kochen bringen. Den Spätzleteig portionsweise durch ein Spätzlesieb drücken. Die Spätzle 3–4 Minuten im siedenden Wasser ziehen lassen. Sie sind fertig, wenn sie an der Wasseroberfläche schwimmen. Die garen Eiernockerl mit einem Schaumlöffel aus dem Wasser heben und in einem Sieb abtropfen lassen.

Käsespätzle
Die Zwiebel schälen und in feine Würfel schneiden. Den Bergkäse fein reiben.
Die Butter in einer großen Pfanne schmelzen. Die Zwiebeln darin glasig anschwitzen, dann die abgetropften Eiernockerl hinzufügen. Alles zusammen 1–2 Minuten rösten, dabei die Pfanne öfters durchschwenken. Den geriebenen Käse darüberstreuen und alles vermengen, bis der Käse geschmolzen ist. Die Käsespätzle mit Salz und Pfeffer würzen. Die Käsespätzle unter gelegentlichem Rühren weiterbraten.

Anrichten
Die Spätzle in einer gusseisernen Servierpfanne anrichten, mit den Zwiebelringen und etwas Schnittlauch oder Gartenkresse garnieren und servieren.

Dazu passt ein grüner Salat. Das Rezept für die Eiernockerl ist auch ein Grundrezept für eine sättigende Beilage. Eiernockerl passen wunderbar zu geschmortem Fleisch mit viel Sauce.

AUFBÄHTER BERGKAS
RUSTIKALES BERGKÄSE-SOUFFLÉ

Zutaten

für 4 Personen

Zubereitungszeit: 50 Minuten

etwas Butter und Weizenmehl für die
Formen
25 g Butter
25 g Weizenmehl
300 ml Vollmilch
5 Eier (Größe L)
175 g frisch geriebener Bergkäse
Salz
frisch gemahlener schwarzer Pfeffer

Zubereitung

2 kleine Keramik-Auflaufformen (ca. 20 x 10 x 3 cm) mit etwas Butter
fetten und mit etwas Mehl ausstäuben.

Die Butter in einem kleinen Topf schmelzen. Das Mehl nach und nach
mit einem Schneebesen hineinrühren. Diese Einbrenne nach und
nach mit der kalten Milch aufgießen, dabei stetig weiterrühren. Die
Sauce unter Rühren köcheln lassen, bis sie schön sämig ist. Dann den
Topf vom Herd nehmen.

Die Eier trennen. Die Eigelbe in die Sauce rühren. Die Sauce etwas
abkühlen lassen. Den geriebenen Bergkäse in die warme Sauce rühren. Kräftig mit Salz und Pfeffer würzen.

Die Eiweiße in eine Rührschüssel geben und zu steifem Schnee
schlagen. Den Eischnee vorsichtig unter die Käsecreme ziehen. Die
Käsecreme auf die beiden vorbereiteten Formen verteilen und die
Oberflächen glatt streichen. Die Formen auf der mittleren Schiene in
den auf 180 °C vorgeheizten Backofen (Umluft) schieben und die
Soufflés darin 30 Minuten backen. Nach Ende der Backzeit sofort aus
dem Ofen nehmen und servieren.

Während die Soufflés garen, die Back-
ofentüre nicht öffnen, da sie sonst
zusammenfallen.

KREITLACH-TOPFEN-STRUDEL

STRUDELPÄCKCHEN MIT QUARK UND KRÄUTERN

Zutaten

für 12 Strudelpäckchen oder
2 kleine Strudel

Zubereitungszeit: 60 Minuten

2 Frühlingszwiebeln
2 Bund gemischte Kräuter (Petersilie,
Dill, Schnittlauch etc.)
500 g Topfen (Halbfettstufe oder
Magerstufe)
2 Eier (Größe L)
6 EL Semmelbrösel
2 EL frisch geriebener Parmesan
Salz
frisch gemahlener schwarzer Pfeffer
2 Rollen Blätterteig (à 275 g,
aus dem Kühlregal)

**Die Päckchen werden schön rund,
wenn man sie in einer Muffin-
Backform backt.
Für 2 Strudel kann man für die
Füllung die Zutatenmenge um die
Hälfte erhöhen – dann sind sie
noch reichhaltiger.
Die Strudel bekommen einen
schönen Glanz, wenn man sie
vor dem Backen mit etwas
verquirltem Eigelb bestreicht.**

Zubereitung

Die Frühlingszwiebeln waschen, putzen und die Wurzelansätze abschneiden. Die Frühlingszwiebeln fein hacken und beiseitestellen.
Die Kräuter waschen, von den Stielen zupfen und ebenfalls fein hacken.
Den Topfen mit den Eiern in eine Schüssel geben und glatt rühren.
Die Frühlingszwiebeln und die Kräuter unterziehen. Die Semmelbrösel und den frisch geriebenen Parmesan in die Topfencreme rühren und mit Salz und Pfeffer würzen.
Für die Päckchen die Blätterteigplatten auf der Arbeitsplatte ausrollen. Jedes Blätterteigblatt in 6 Quadrate schneiden. Auf jedes Teigquadrat 2 EL der Kräuter-Topfen-Creme geben. Die Ecken der Teigquadrate nach oben klappen und die Päckchen wie ein Bonbon schließen. Die Verschlussstelle mit Küchengarn zusammenbinden.
Die Strudelpäckchen auf ein mit Backpapier bedecktes Backblech setzen und im auf 175 °C vorgeheizten Backofen (Umluft) 25 Minuten goldbraun backen.
Alternativ: Für 2 kleine Strudel 1 Blätterteigplatte auf einer Arbeitsfläche quer ausrollen und in 2 Hälften schneiden. Für 2 Strudel wird nur 1 Blätterteigplatte benötigt. Die Topfen-Kräuter-Creme der Länge nach in die Mitte jeder Teigplatte geben.
Die unbedeckten Teigränder jeweils quer in 1 cm dicke Streifen schneiden (wie die Quasten eines Teppichs). Die Streifen über Kreuz nach oben klappen und die Strudel damit verschließen. Die Strudel auf ein mit Backpapier bedecktes Backblech setzen und mit etwas kaltem Wasser verquirltem Eigelb bestreichen. Die Strudel im auf 175 °C vorgeheizten Backofen (Umluft) 25–30 Minuten goldbraun backen.

STRANKERLGULASCH
EINTOPF AUS BOHNEN UND KARTOFFELN

Zutaten
für 4 Personen

Zubereitungszeit: 50–60 Minuten

850 g Fisolen (grüne Bohnen)
4–6 festkochende Kartoffeln
2 Zwiebeln
3 EL neutrales Pflanzenöl
5 gestrichene EL edelsüßes
Paprikapulver
5 EL Tomatenmark
3 EL Apfelessig
850 m heiße Gemüsebrühe
Salz
frisch gemahlener schwarzer Pfeffer
1 TL getrockneter Majoran
250 g Sauerrahm
2 TL Maisstärke
frische Dillspitzen zum Garnieren

Zubereitung

Die grünen Bohnen in ein großes Sieb geben und gründlich waschen. Die Enden der Bohnen abschneiden und die Bohnen quer halbieren. Die Kartoffeln schälen und in Würfel schneiden. Die Zwiebeln schälen und in feine Würfel schneiden.

Das Pflanzenöl in einem großen Topf erhitzen und die Zwiebeln darin glasig schwitzen. Das Paprikapulver darüberstäuben, das Tomatenmark hinzufügen und alles gut verrühren. Dann mit dem Apfelessig ablöschen. Die Bohnen und die Kartoffeln hinzufügen und kurz anbraten, anschließend mit der heißen Gemüsebrühe auffüllen.

Mit Salz, Pfeffer und Majoran würzen. Den Eintopf 30–40 Minuten köcheln lassen, bis die Kartoffeln gar sind. Dann den Sauerrahm hineinrühren.

Die Maisstärke mit etwas kaltem Wasser glatt rühren. Die angerührte Stärke in das Strankerlgulasch rühren und köcheln lassen, bis es schön sämig ist. Den Eintopf nochmals mit Salz und Pfeffer abschmecken und nach Belieben mit frischem Dill garnieren.

Dazu passen Knödel oder Weißbrot.
Das Strankerlgulasch kann man auch
mit Speck verfeinern. Dazu einfach
einige Speckwürfel zusammen mit den
Zwiebeln anbraten.

FISCHLAIBERL MIT MURKN-SALOT
FISCHLAIBCHEN MIT GURKENSALAT

Zutaten
für 4 Personen

Zubereitungszeit: 50 Minuten

Für den Gurkensalat
2–3 Feldgurken (Freiland-Gärtner-
gurken, ca. 900 g)
Salz
¼ Bund Dill
1 Knoblauchzehe
200 g Sauerrahm
1 TL mittelscharfer Senf
7 EL Weißweinessig
1 TL Kristallzucker
4 EL neutrales Pflanzenöl
frisch gemahlener schwarzer Pfeffer

Für die Fischlaiberl
500 g mehligkochende Kartoffeln
Salz
1 Zwiebel
2 Knoblauchzehen
3 EL Butter
500 g küchenfertiges Fischfilet ohne
Haut (z.B. Zander, Forelle, Saibling)
½ Bund glatte Petersilie
250 g Frischkäse (Doppelrahmstufe,
Natur)
2 Eier
1 Eigelb
1 ½ TL Fischgewürz
frisch gemahlener schwarzer Pfeffer
125 g Semmelbrösel
4 EL neutrales Pflanzenöl

Zubereitung
Gurkensalat
Die Gurken schälen, der Länge nach halbieren, mit einem Löffel entkernen und in Scheiben schneiden. Die Gurken in eine Schüssel geben
und salzen. Die Gurken so 30 Minuten in den Kühlschrank stellen, anschließend in ein Sieb geben und leicht ausdrücken.
Den Dill waschen, trocknen und fein hacken. (Dabei etwas Dill für das
Anrichten zurückbehalten.) Den Knoblauch schälen und fein hacken.
Den Sauerrahm in eine kleine Schüssel geben. Den Dill, den Knob-
lauch, den Senf, den Weißweinessig, den Zucker und das Pflanzenöl
hinzufügen und alles gut verrühren. Mit Salz und Pfeffer abschmecken.
Die abgetropften Gurken in eine Schüssel geben, das Sauerrahm-
dressing darübergeben und vermengen. Den Gurkensalat bis zum
Anrichten in den Kühlschrank stellen. Kurz vor dem Servieren je nach
Bedarf nochmals mit Salz und Pfeffer abschmecken.

Fischlaiberl
Die Kartoffeln schälen, in Stücke schneiden und in reichlich Salzwasser
gar kochen, dann in ein Sieb gießen und abtropfen lassen. Die Kartof-
feln durch eine Kartoffelpresse in eine Schüssel drücken.
Die Zwiebel und den Knoblauch schälen und in feine Würfel schneiden.
1 EL Butter in einer Pfanne erhitzen. Die Zwiebeln und den Knob-
lauch darin glasig schwitzen, dann zu den Kartoffeln geben.
Das Fischfilet waschen, trocknen, entgräten und fein würfeln. Die
Fischwürfel zu den Kartoffeln geben und alles vorsichtig vermengen.
Die Petersilie waschen, trocknen, fein hacken und in die Kartoffel-
Fisch-Masse mengen.
Den Frischkäse mit den Eiern und dem Eigelb glatt rühren und eben-
falls in die Kartoffel-Fisch-Masse rühren. Mit Salz, Fischgewürz und
Pfeffer würzen. Zum Schluss 4–5 EL Semmelbrösel in die Masse
mengen, bis ein gebundener Teig entstanden ist. Aus diesem Teig
etwa 20 kleine Laibchen formen.
Die restlichen Semmelbrösel auf einem Teller verteilen und die
Laibchen darin wenden.
Die restliche Butter (2 EL) und das Pflanzenöl in 2 großen Pfannen
verteilen und erhitzen. Die Fischlaibchen darin knusprig ausbraten,
dabei mehrmals wenden.
Die Fischlaiberl mit dem Gurkensalat anrichten und mit etwas Dill
garnieren.

FISCHSCHNITZERL MIT ERDÄPFL-LINS'N-SALOT

GEBACKENER FISCH MIT KARTOFFEL-LINSEN-SALAT

Zutaten
für 4 Personen

Zubereitungszeit: 60 Minuten

Für den Erdäpfel-Linsen-Salat
750 g kleine festkochende Kartoffeln
Salz
600 ml Gemüsebrühe
225 g rote Linsen
100 g Vogerlsalat (Feldsalat)
1 rote Zwiebel
10 EL Apfelessig
10 EL neutrales Pflanzenöl
frisch gemahlener schwarzer Pfeffer
4–5 Zweige Rosmarin

Für die Fischschnitzel
je 4 küchenfertige Filets vom Saibling
und Zander (ohne Haut, à ca. 150 g)
Salz
frisch gemahlener schwarzer Pfeffer
Saft von 1 Zitrone
reichlich Weizenmehl und
Semmelbrösel zum Panieren
4 Eier
4 EL flüssiges Schlagobers
250 ml Sonnenblumenöl

Zubereitung

Erdäpfel-Linsen-Salat
Die Kartoffeln schälen, halbieren und in reichlich Salzwasser gar kochen, dann abgießen und abtropfen lassen. (Junge Kartoffeln (Frühkartoffeln) müssen nicht geschält werden.)
In der Zwischenzeit die Gemüsebrühe aufkochen und die Linsen zugeben. Die Herdtemperatur reduzieren und die Linsen 25 Minuten gar kochen, dann abgießen und abtropfen lassen.
Den Feldsalat putzen, verlesen und beiseitestellen. Die abgetropften Linsen in eine große Schüssel geben. Die Zwiebel schälen, in Scheiben schneiden und zu den Linsen geben. Den Essig und 7 EL Pflanzenöl darübergeben und vorsichtig vermengen. Mit Salz und Pfeffer abschmecken.
Das restliche Pflanzenöl in einer Pfanne erhitzen. Die abgetropften Kartoffeln und den Rosmarin darin knusprig braten. Den Pfanneninhalt dann über die Linsen geben und vermengen. Zum Schluss den Feldsalat locker untermengen und sofort anrichten.

Fischschnitzel
Die Fischfilets waschen, trocknen, bei Bedarf entgräten, mit Salz und Pfeffer bestreuen und mit dem Zitronensaft beträufeln. Die Fischfilets quer halbieren.
Das Mehl in einen tiefen Teller geben. Die Eier in einer kleinen Schüssel verquirlen, salzen, pfeffern und das Schlagobers unterrühren. Dann in einen zweiten tiefen Teller geben. Die Semmelbrösel in einen dritten tiefen Teller geben.
Die Fischfilets erst mehlieren, dabei überschüssiges Mehl abklopfen. Die mehlierten Fischfilets durch die verquirlten Eier ziehen und anschließend in den Semmelbröseln wenden. Die Semmelbrösel leicht andrücken.
Das Pflanzenöl in einer großen Pfanne erhitzen. Die panierten Fischfilets darin portionsweise knusprig braun ausbacken. Die ausgebackenen Fischschnitzel mit einem Schaumlöffel aus der Pfanne heben und auf Küchenpapier abtropfen lassen.

Anrichten
Den lauwarmen Kartoffel-Linsen-Salat auf 4 Teller verteilen. Die Fischschnitzel darauf verteilen und servieren.

BACKPAPIER-SAIBLING
SAIBLING MIT GEMÜSE IN PERGAMENT

Zutaten
für 2 Personen

Zubereitungszeit: 20 Minuten | Garzeit: 35 Minuten

10–15 kleine, festkochende junge
Kartoffeln
2 küchenfertige ganze Saiblinge
(à 400 g)
Salz
frisch gemahlener schwarzer Pfeffer
4 Knoblauchzehen
1 Bio-Zitrone
½ Bund frische Kräuter (z.B. Rosmarin, Petersilie, Dill)
100 g Tomaten
200 g Zuckerschoten
½ Zucchini
4 EL Olivenöl

Zubereitung

Die Kartoffeln waschen, dann in kochendem Salzwasser 5 Minuten vorkochen. Die Kartoffeln anschließend abgießen und halbieren.
Die Saiblinge waschen und trocken tupfen, dann innen und außen mit Salz und Pfeffer einreiben.
Den Knoblauch schälen. 2 Zehen in feine Scheiben schneiden und die Scheiben von je 1 Zehe in die Bauchhöhle der Saiblinge geben.
Die Zitrone heiß waschen und in Scheiben schneiden. Je 3 Zitronenscheiben in die Bauchhöhle der Saiblinge geben.
Die Kräuter waschen und trocknen. Jeweils die Hälfte in Bauchhöhle der Saiblinge geben.
Aus Backpapier oder Pergament 4 Rechtecke (à 40 x 50 cm) zurechtschneiden. Je 2 Backpapierrechtecke übereinanderlegen. Die gefüllten Saiblinge jeweils in die Mitte des Backpapiers legen.
Die Tomaten waschen, vom Stielansatz befreien und in grobe Würfel schneiden. Die Zuckerschoten putzen. Die Zucchini waschen und in grobe Würfel schneiden. Das Gemüse und je 1 ganze Knoblauchzehe um die Saiblinge geben. Alles mit Salz und Pfeffer bestreuen und mit je 2 EL Olivenöl beträufeln. Die Pergamentstücke über den Saiblingen zusammenschlagen und die Enden wie bei einem Bonbon mit Küchengarn fest verschließen.
Die Päckchen auf ein Backblech legen. Dieses auf der mittleren Schiene im auf 190 °C vorgeheizten Backofen (Umluft) 30–35 Minuten garen.

FISCH-GRÖSTL
KARTOFFELPFANNE MIT FISCH

Zutaten
für 4 Personen

Zubereitungszeit: 50 Minuten

20–25 kleine, festkochende junge
Kartoffeln (ca. 800 g)
Salz
800 g frisches Fischfilet (mit Haut),
entgrätet (z.B. Saibling, Forelle,
Reinanke)
frisch gemahlener schwarzer Pfeffer
Saft von ½ Zitrone
etwas neutrales Pflanzenöl zum
Anbraten
4–5 Frühlingszwiebeln
1 TL Fischgewürz
½ Bund Dill zum Anrichten

Zubereitung
Die Kartoffeln waschen, ungeschält in einen Topf mit Salzwasser
geben und weich kochen. Die garen Kartoffeln abgießen und beiseitestellen.
Die Fischfilets salzen, pfeffern und mit frisch gepresstem Zitronensaft
beträufeln. Die Fischfilets je nach Größe quer in 3–4 cm dicke Streifen schneiden.
Etwas Pflanzenöl in einer großen Pfanne bei mittlerer Hitze erhitzen.
Die Fischfilets darin auf der Hautseite 2–3 Minuten knusprig anbraten.
In der Zwischenzeit die Frühlingszwiebeln putzen und die Wurzelansätze abschneiden. Die Frühlingszwiebeln in dünne Scheiben
schneiden.
Die Fischfilets wenden und 20–30 Sekunden weiterbraten. Die glasig
gebratenen Fischfilets aus der Pfanne nehmen, auf einen vorge-
wärmten Teller legen und sofort mit Alufolie bedecken, damit sie
warm bleiben.
Etwas Pflanzenöl in die Pfanne nachgießen und erhitzen. Die gegarten Kartoffeln halbieren und darin bei hoher Hitze knusprig anbraten.
Die Frühlingszwiebeln hinzufügen und gut durchschwenken. Das
Gröstl mit Fischgewürz, Salz und Pfeffer würzen.
Zum Schluss kurz die Fischfilets zu den Kartoffeln in die Pfanne
geben und nochmals kurz erwärmen.
Das Gröstl auf 4 Tellern anrichten und mit viel frisch gezupftem Dill
servieren.

Wenn man große Kartoffeln verwendet,
sollte man diese vor dem Garen schälen.
Zu dem Gröstl passt ein grüner Salat
mit steirischem Kernöl.

PFANDL-FORELL'N MIT KREITLACH-ERDÄPFLN
GEBRATENE FORELLE MIT KRÄUTERKARTOFFELN

Zutaten
für 4 Personen

Zubereitungszeit: 30 Minuten

700 g festkochende Kartoffeln
Salz
4 küchenfertige Forellen (à ca. 230 g)
2 Bio-Zitronen
frisch gemahlener schwarzer Pfeffer
3 EL neutrales Pflanzenöl
3 EL Butter
½ Bund glatte Petersilie
4 Zweige Rosmarin
Kräutersalz

Zubereitung

Die Kartoffeln schälen, bei Bedarf in Stücke schneiden und in reichlich Salzwasser gar kochen, dann abgießen und abtropfen lassen.
In der Zwischenzeit die Forellen unter fließendem kaltem Wasser gründlich waschen, dann trocknen. Die Forellen innen und außen mit dem Saft von 1 Zitrone beträufeln, salzen und pfeffern. Die zweite Zitrone heiß waschen, trocknen und in feine Scheiben schneiden. Die Zitronenscheiben in die Bauchhöhlen der Forellen füllen.
Das Pflanzenöl und 1 EL Butter in einer großen Pfanne erhitzen. Die Forellen darin auf beiden Seiten je 5 Minuten bei mittlerer Temperatur anbraten. Dabei die Forellen immer wieder mit dem Bratfett beträufeln.
Die Petersilie waschen und trocknen. Die Blättchen von den Stielen zupfen und fein hacken.
Die restliche Butter (2 EL) in einer zweiten Pfanne schmelzen. Die Kartoffeln und die Petersilie hineingeben, gut vermengen und kurz anrösten. Mit Kräutersalz abschmecken.
Die Forellen mit je 1 Rosmarinzweig auf 4 Teller geben. Die Petersilienkartoffeln dazugeben und servieren.

Dazu passen ein Sauerrahm-Kräuter-Dip und ein grüner Salat. Der Dip ist schnell gemacht, einfach 1 Becher Sauerrahm (200 g) mit etwas Zitronensaft glatt rühren und mit Salz und Pfeffer abschmecken. Dann 2–3 EL frisch gehackte Kräuter unterrühren.

SAIBLING GEBRATEN MIT PASTINAKENPÜREE UND KREITLACH-ÖL-SOSS'

GEBRATENER SAIBLING AUF PASTINAKENPÜREE MIT FRÜHLINGSKRÄUTERPESTO

Zutaten
für 2 Personen

Zubereitungszeit: 50 Minuten

Für das Pastinakenpüree
650 g Pastinaken
3–4 mehligkochende Kartoffeln
Salz
125 ml heiße Vollmilch
2 EL Butter
frisch gemahlener schwarzer Pfeffer

Für das Frühlingskräuterpesto
70 g glatte Petersilie oder Basilikum
70 g Schnittlauch oder Dill
4–5 Zweige Zitronenthymian
2 EL gehackte Walnusskerne
70 ml Sonnenblumenöl
Salz
frisch gemahlener schwarzer Pfeffer
1 Prise Chilipulver

Für die gebratenen Saiblingsfilets
2 küchenfertige Filets vom Saibling (mit Haut, à 150 g, alternativ Forellenfilets)
Salz
frisch gemahlener schwarzer Pfeffer
2 Knoblauchzehen
Saft von 1 Zitrone
2 EL Butter

Zum Anrichten
frische Kräuter nach Saison

Zubereitung
Pastinakenpüree
Die Pastinaken und die Kartoffeln schälen und in grobe Würfel schneiden. Die Gemüsewürfel in reichlich Salzwasser 20–30 Minuten weich kochen, dann abgießen, abtropfen lassen und in eine Schüssel geben und mit dem Kartoffelstampfer zerdrücken. Die heiße Milch und die Butter hinzufügen und alles gut unterarbeiten. Das Pastinakenpüree mit Salz und Pfeffer abschmecken.

Frühlingskräuterpesto
Die Kräuter waschen, trocknen und fein hacken. Die Kräuter mit den Walnüssen und dem Sonnenblumenöl in einen Mixbecher geben und mit dem Pürierstab zu einem groben Pesto mixen. Das Pesto mit Salz, Pfeffer und Chili abschmecken.

Gebratene Saiblingsfilets
Die Saiblingsfilets waschen und trocknen. Wenn nötig, alle Gräten mit einer Pinzette herauszupfen. Die Saiblingsfilets auf einen Teller legen, mit Salz und Pfeffer bestreuen und mit dem Zitronensaft beträufeln.
Die ungeschälten Knoblauchzehen halbieren.
Die Butter in einer Pfanne schmelzen und den Knoblauch hineingeben. Die Saiblingsfilets darin auf der Hautseite 3–4 Minuten glasig braten (dabei nicht wenden).

Anrichten
Das Pastinakenpüree auf 2 Teller verteilen. Die Saiblingsfilets quer halbieren und auf das Püree setzen. Etwas Pesto dazugeben und alles mit frischen Kräutern garnieren.

KÄRNTNER LAXN IN DA SALZKRUST'N
LACHSFORELLE IN DER SALZKRUSTE

Zutaten
für 1 Person

Zubereitungszeit: 50 Minuten

2 Eiweiß
750 g grobes Meersalz
2–3 EL Wasser
1 küchenfertige Lachsforelle
mit Kopf (oder Forelle, ca.
400–500 g)
1 Bio-Zitrone
3–4 Zweige Dill

Zubereitung
Die Eiweiße in eine Rührschüssel geben und zu steifem Schnee schlagen.
Das Meersalz mit dem Wasser verrühren. Den Eischnee dazugeben und alles gut vermengen.
Die Lachsforelle unter fließendem kaltem Wasser gründlich waschen, dann trocken tupfen.
Die Zitrone heiß waschen, trocknen und in feine Scheiben schneiden. Den Dill waschen und trocknen. Die Zitronenscheiben und die Dillzweige in die Bauchhöhle der Lachsforelle füllen.
Ein Backblech mit Backpapier bedecken. Etwa die Hälfte des Salzteigs in die Mitte geben und ein Salzbett daraus formen, das etwa 1 cm hoch und etwas größer als der Fisch ist. Die gefüllte Lachsforelle auf das Salzbett legen und mit dem restlichen Salzgemisch bedecken. Dabei leicht andrücken. Das Backblech auf der mittleren Schiene in den auf 180 °C vorgeheizten Backofen (Umluft) schieben und den Fisch darin 15–20 Minuten garen. Das Blech nach Ende der Garzeit aus dem Ofen nehmen und die Salzkruste mit einem Messer vorsichtig aufbrechen. Die Lachsforelle in der Salzkruste servieren.

Dazu passen Petersilienkartoffeln und braune Butter.
Darauf achten, dass die Kiemen des Fischs entfernt wurden. Sie sind echte »Bakterienfänger«.

BITTE ZU FISCH! DIE FISCHEREI ZWISCHEN TRADITION UND MODERNE

Österreichs sonniger Süden ist wie viele andere Regionen geprägt durch eine vielfältige Bach- und Seenlandschaft, die sich durch eine besondere Vielfalt an heimischen Fischen auszeichnet. Im ganzen Land laden Seen zum Baden und trinkwasserreine (Gebirgs-)Bäche zur kühlen Erfrischung ein. Ihre Unterwasserwelt bietet ein ideales Biotop für einen außergewöhnlichen Reichtum an heimischen Fischen. Diese Vielfalt an Bach- und Seefischen sorgt für außergewöhnliche Fischgerichte, die die heimischen Speisekarten füllen und – egal ob in gebratener, gebeizter oder geräucherter Form – nach dem kristallklaren Wasser der

Seen und Bäche Österreichs schmecken. Das ist aber nicht neu, vielmehr hat die Fischerei in Österreich seit vielen Jahrhunderten Tradition. Sogar der Kaiser höchstpersönlich liebte die Fische aus den heimischen Gewässern. Einer dieser Seen ist der Millstätter See, der bereits in der glorreichen Vergangenheit der k.-u.-k.-Monarchie eine besondere Fischereitradition hatte. So begannen die Benediktiner Mönche bereits damals, mit Schwebenetzen die für den Millstätter See bekannte Reinanke aus dem klaren Seewasser zu fangen. Dieses Recht zur Fischerei mit Schwebenetzen übertrug Kaiser Franz Joseph in der

Die Bilder entstanden beim Reinankenwirt Peter Sichrowsky am Millstätter See

K.-u.-k.-Zeit ausgewählten Fischerfamilien aus der Region, die er zu den »K.-u.-k.-Hoffischern« ernannte. Sie lieferten ihren Fang dann bis nach Wien an den Kaiserhof, wo er zu köstlichen Gerichten verarbeitet wurde. Dieses seit mehr als hundert Jahren vererbte Recht teilen sich heute wenige Familien am Millstätter See.

Zum Fischen gehört neben der Tätigkeit des Fischens und einem guten Fang viel mehr. Artenpflege und die Erhaltung des Bestands sind wesentliche Aspekte einer nachhaltigen Fischerei. So halten die Fischer vom Millstätter See noch heute ihre Traditionen hoch, wenn sie mit den sogenannten Plätten (den traditionellen Fischerbooten aus Holz) auf den See zum Netzfischen fahren. Sie leben im Einklang mit der Natur, schätzen selbige und nehmen sich bewusst Zeit für ihren Fang. Den frischen Wildfang aus Saiblingen, Reinanken, Forellen und der Kärntner Laxn, den die heimischen Fischer aus den Seen und Bächen holen, genießt man in Österreich zum Beispiel gebraten als »Butta-Forelln« mit Erdäpfeln oder als Steckerlfisch geräuchert.

SPECKHENDL MIT KOHLSPROSSERLN UND ZITRONEN

HÜHNERBRUST AUS DEM OFEN MIT SPECK, ZITRONEN UND ROSENKOHL

Zutaten
für 2 Personen

Zubereitungszeit: 50 Minuten

400 g Kohlsprossen (Rosenkohl)
2 Bio-Zitronen
2 Hühnerbrüste (ohne Haut, à 150 g),
ersatzweise Putenfilets
Salz
frisch gemahlener schwarzer Pfeffer
6–8 Scheiben durchwachsener Speck
2 EL Olivenöl
3–4 Knoblauchzehen
100 ml Gemüsebrühe

Zubereitung

Den Rosenkohl waschen, putzen und vom Strunk befreien. Den Saft einer Zitrone auspressen. Die andere Zitrone heiß waschen, trocknen und in feine Scheiben schneiden.

Die Hühnerbrüste unter fließendem kaltem Wasser gründlich waschen, dann trocken tupfen und mit Salz und Pfeffer würzen. Jede Hühnerbrust mit 3–4 Scheiben Speck umwickeln.

Eine Auflaufform mit etwas Olivenöl auspinseln. Den Rosenkohl und die ganzen Knoblauchzehen in der Form verteilen und mit Salz und Pfeffer bestreuen. Die Gemüsebrühe und den Zitronensaft in die Form gießen. Die Zitronenscheiben über dem Rosenkohl verteilen. Die mit Speck umwickelten Hühnerbrüste auf den Rosenkohl legen. Die Form auf der mittleren Schiene in den auf 175°C vorgeheizten Backofen (Umluft) schieben und die Hühnerbrüste darin 30 Minuten garen, bis sie vollständig durchgegart sind.

Wer will, kann auch Kartoffelstücke mit in die Form geben, sie passen ebenfalls gut dazu.

HERBSTHENDL MIT VOGERLSALOT UND OFENKIAWIS
HERBSTHÜHNCHEN MIT KÜRBIS UND SALAT

Zutaten
für 2 Personen

Zubereitungszeit: 25 Minuten | Garzeit: 45 Minuten

Für das Hendl und den Kürbis
4 Hühnerkeulen (à ca. 200 g)
Salz
etwas edelsüßes Paprikapulver
½ Hokkaido-Kürbis (etwa 350–400 g)
2 EL Olivenöl
1 rote Zwiebel

Für den Salat
4–5 große Blätter Radicchio
1 Handvoll Vogerlsalat (Feldsalat)
2 EL Weißweinessig
3 EL Olivenöl
1 TL flüssiger Honig
Salz
frisch gemahlener schwarzer Pfeffer

Zubereitung
Hendl und Kürbis
Die Hühnerkeulen gründlich unter fließendem kaltem Wasser waschen und trocknen. Dann mit einem scharfen Messer am Gelenk zwischen Ober- und Unterkeule durchschneiden. Die Fleischstücke mit Salz und Paprikapulver einreiben.
Den Kürbis waschen, trocknen und in dicke Spalten schneiden. Die Kerne und Fasern mit einem Löffel entfernen. Die Kürbisspalten je nach Größe quer halbieren.
Eine Auflaufform mit etwas Olivenöl auspinseln. Den Kürbis und die Hühnerkeulen in der Form verteilen.
Die Zwiebel schälen, achteln und in die Form geben. Die Form auf der mittleren Schiene in den auf 175 °C vorgeheizten Backofen (Ober-/Unterhitze) schieben und das Herbsthendl etwa 45 Minuten braten, bis das Fleisch komplett durchgegart ist.

Salat
Den Radicchio und den Vogerlsalat waschen und abtropfen lassen, dann separat in zwei Schüsseln geben.
Den Essig, das Öl und den Honig zu einer Vinaigrette verrühren, diese mit Salz und Pfeffer abschmecken.
Die Vinaigrette über den Salat träufeln und locker vermengen.

Anrichten
Die marinierten Radicchioblätter auf 2 Teller geben. Das gebratene Hühnerfleisch, die Kürbis- und Zwiebelspalten auf dem Radicchio verteilen und mit dem marinierten Feldsalat garnieren. Nach Wunsch mit Salz und Pfeffer würzen.

PUTENSCHNITZERL MIT REIS UND GRANT'N
WIENER SCHNITZEL VON DER PUTE MIT REIS

Zutaten
für 4 Personen

Zubereitungszeit: 45 Minuten

Für den Reis
1 Zwiebel
2 TL Butter
225 g Langkornreis
Salz

Für die Schnitzel
100 g Weizenmehl
2 Eier
4 EL flüssiges Schlagobers
Salz
frisch gemahlener
schwarzer Pfeffer
100 g Semmelbrösel
4 große Putenschnitzel
(à 150 g, oder 8 kleine
Putenschnitzel)
250 ml neutrales Pflanzenöl

Anrichten
2 Zitronen
4 EL eingemachte Preiselbeeren (aus
dem Glas)

Zubereitung
Reis
Die Zwiebel schälen und in feine Würfel schneiden. Die Butter in einem Topf schmelzen und die Zwiebeln darin glasig schwitzen. Den Reis hinzufügen und unter Rühren anbraten. Anschließend 450 ml kochendes Wasser angießen, salzen und den Reis bei milder Hitze im geschlossenen Topf 10–20 Minuten gar kochen.

Schnitzel
Das Mehl in einen tiefen Teller sieben. Die Eier in einer kleinen Schüssel verquirlen, salzen, pfeffern und dann das Schlagobers einrühren und in einen zweiten tiefen Teller geben. Die Semmelbrösel in einen dritten tiefen Teller geben.
Die Putenschnitzel waschen, trocknen und mit einem Plattiereisen dünn klopfen. Die Putenschnitzel mit Salz und Pfeffer würzen.
Die Putenschnitzel erst mehlieren, dabei überschüssiges Mehl abklopfen. Die mehlierten Putenschnitzel durch die verquirlten Eier ziehen und anschließend in den Semmelbröseln wenden. Die Semmelbrösel leicht andrücken.
Das Pflanzenöl in einer großen Pfanne erhitzen. Die panierten Putenschnitzel darin portionsweise unter mehrmaligem Wenden knusprig braun ausbacken. Die ausgebackenen Putenschnitzel mit einem Schaumlöffel aus der Pfanne heben und auf Küchenpapier abtropfen lassen.

Anrichten
Die Zitronen heiß waschen, trocknen und in Spalten schneiden. Die Putenschnitzel mit dem Reis auf 4 Tellern anrichten. Einen Klecks Preiselbeeren dazugeben und einige Zitronenspalten auf die Schnitzel legen.

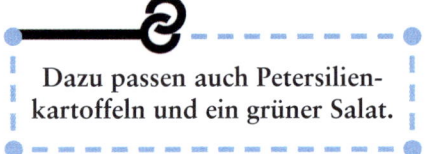
Dazu passen auch Petersilien-kartoffeln und ein grüner Salat.

G'ROLLTA PUTNBRAT'N MIT OFENGMIAS UND FRISCHKAS-KREITLACH-SOSS

PUTENROLLBRATEN MIT OFENGEMÜSE UND FRISCHKÄSESAUCE

Zutaten
für 3–4 Personen

Zubereitungszeit: 20 Minuten | Garzeit: 75 Minuten

Für das Fleisch
1 küchenfertiger Putenrollbraten im Netz (aus der Putenoberkeule, vom Metzger, ca. 750 g)
1–2 EL Olivenöl
Salz
frisch gemahlener schwarzer Pfeffer
200 ml Gemüsebrühe
3–4 große festkochende Kartoffeln
3–4 Karotten
1 Kopf Brokkoli
2 Zucchini
1 Zwiebel
6–8 rote Kirschtomaten

Für die Sauce
150 ml Gemüsebrühe
½ Bund Dill
200 g Frischkäse (Doppelrahmstufe, Natur)
Salz
frisch gemahlener schwarzer Pfeffer

Zubereitung

Fleisch
Den Putenrollbraten mit 1–2 EL Olivenöl bepinseln und mit Salz und Pfeffer einreiben.

Den Putenrollbraten in einen mit etwas Olivenöl gefetteten Bräter oder Kasserolle legen. Die Gemüsebrühe angießen. Den Bräter auf der mittleren Schiene in den auf 175 °C vorgeheizten Backofen (Ober-/Unterhitze) schieben und den Putenrollbraten darin 45 Minuten garen.

In der Zwischenzeit die Kartoffeln und die Karotten schälen und in grobe Stücke schneiden. Den Brokkoli putzen und in die Röschen teilen. Die Zucchini waschen und in dicke Scheiben schneiden. Die Zwiebel schälen und ebenfalls grob schneiden.

Reichlich Salzwasser in einem großen Topf erhitzen. Die Kartoffeln und die Karotten darin 10 Minuten vorkochen, dann abgießen. Das vorgekochte und das rohe Gemüse nach 45 Minuten Garzeit in dem Bräter verteilen. Alles weitere 30 Minuten garen. Den Putenrollbraten herausnehmen, die Kirschtomaten zugeben und das Ofengemüse mit Salz und Pfeffer würzen.

Sauce
Die Gemüsebrühe aufkochen, dann den Topf vom Herd nehmen.
Den Dill waschen, trocknen und fein hacken, dann in die heiße Brühe rühren.
Den Frischkäse mit einem Schneebesen in die heiße Brühe rühren, bis diese schön sämig ist. Die Sauce mit Salz und Pfeffer abschmecken.

Anrichten
Den Putenrollbraten in Scheiben schneiden und diese auf Tellern anrichten. Mit der Sauce beträufeln und mit dem Ofengemüse servieren.

POGAUNER MIT KNEDLFÜLLE UND GRANT'N

TRUTHAHN MIT KNÖDELFÜLLUNG UND PREISELBEEREN

Zutaten
für 6–7 Personen

Zubereitungszeit: 30 Minuten | Garzeit: 3 ½ Stunden

Für die Füllung
1 Zwiebel
2 Knoblauchzehen
2 EL Butter
125 g gewürfelte, altbackene Semmeln
(Knödelbrot)
2 Eier
50 g frische oder aufgetaute Preiselbeeren (oder Cranberrys)
etwas Gemüsebrühe
Salz
frisch gemahlener schwarzer Pfeffer

Für den Truthahn
1 küchenfertiges Truthuhn (Pute,
3–4 kg)
Salz
frisch gemahlener schwarzer Pfeffer
2 EL Olivenöl
250 ml Gemüsebrühe
125 g flüssige Butter
120 ml flüssiger Honig

Zubereitung
Füllung
Die Zwiebel und den Knoblauch schälen und in feine Würfel
schneiden.
Die Butter in einer Pfanne schmelzen. Die Zwiebeln und den
Knoblauch darin anschwitzen.
Die Semmelwürfel in eine große Schüssel geben. Den gesamten
Pfanneninhalt darübergeben. Die Eier hinzufügen und alles mit
den Händen zu einem gebundenen Teig verkneten. Sollte die
Füllung zu fest sein, etwas lauwarme Gemüsebrühe zugeben. Die
Preiselbeeren bzw. Cranberrys einarbeiten. Zum Schluss mit Salz
und Pfeffer würzen.

Truthahn
Den Truthahn unter fließendem kaltem Wasser gründlich waschen,
dann trocken tupfen. Den Truthahn innen und außen kräftig mit Salz
und Pfeffer einreiben. Den Truthahn mit der Semmelmasse füllen.
Das Olivenöl in einem großen, ovalen Bräter erhitzen. Die Pute mit
der Brust nach oben in den Bräter legen.
Die Butter mit dem Honig verrühren. Die Pute damit rundherum
dick bepinseln. Dabei etwas Honigbutter zum späteren Bestreichen
aufbewahren.
Die Hälfte der Gemüsebrühe in den Bräter gießen. Den Bräter auf
der mittleren Schiene in den auf 175°C (Ober-/Unterhitze) vorgeheizten Backofen schieben und die Pute darin 30 Minuten braten. Dann
die Temperatur auf 125–135°C reduzieren und die Pute weitere
3 Stunden braten, bis sie schön braun ist. Nach der Hälfte der
Garzeit die restliche Gemüsebrühe in den Bräter gießen. Die Pute
während des Bratens 2–3-mal mit etwas Honigbutter bestreichen
und etwas Bratsaft darüberschöpfen.
Die Pute zum Anrichten auf eine Servierplatte legen und tranchieren.

BLECH-GMIAS MIT SPECK
RUSTIKALES OFENGEMÜSE MIT SPECK

Zutaten
für 2 Personen

Zubereitungszeit: 60 Minuten

2–4 violette Kartoffeln
1 Knolle junger Fenchel
150 g Champignons
1 Kopf Brokkoli
1 rote Rübe
1 rote Paprika
1 große Tomate
3–4 EL Gemüsebrühe
3–4 Zweige Rosmarin
8–10 Scheiben durchwachsener Speck
Salz
frisch gemahlener schwarzer Pfeffer

Zubereitung

Die Kartoffeln waschen und in Stücke schneiden. Den Fenchel putzen und längs halbieren. Die Champignons putzen und halbieren. Den Brokkoli waschen und in die Röschen schneiden. Die dicken Stiele abschneiden. Die rote Rübe waschen und in Spalten schneiden. Die Paprika waschen, längs halbieren, entkernen, von den Scheidewänden befreien und in Spalten schneiden. Die Tomate waschen, vom Stielansatz befreien und vierteln. Das gesamte Gemüse in eine große Schüssel geben und mit der Gemüsebrühe vermengen. Das Gemüse auf einem mit Backpapier bedeckten Backblech verteilen. Die Rosmarinzweige zwischen das Gemüse legen. Den Speck zwischen dem Gemüse verteilen. Alles mit Salz und Pfeffer würzen.
Das Blech auf der mittleren Schiene in den auf 175 °C vorgeheizten Backofen (Umluft) schieben und das Gemüse 40–45 Minuten garen.

Dieses Rezept eignet sich toll, um Gemüsereste zu verwerten. Man kann jedes beliebige Gemüse verwenden.

G'FÜLLTE NAUSCHERLN
GEFÜLLTE PAPRIKASCHOTEN

Zutaten
für 6 Portionen

Zubereitungszeit: 60 Minuten

6 Paprikaschoten (je 2 rote, gelbe und orangefarbene)
1 große Zwiebel
2 Knoblauchzehen
2 EL Olivenöl
150 g Langkornreis
125 ml trockener Weißwein
500 ml heiße Gemüsebrühe
¼ Bund glatte Petersilie
2 EL Schnittlauchröllchen
500 g gemischtes Faschiertes (Hackfleisch)
Salz
frisch gemahlener schwarzer Pfeffer
500 ml passierte Tomaten

Zubereitung

Die Paprikaschoten waschen und am Stielansatz einen jeweils 1 cm breiten Deckel abschneiden. Mit einem scharfen Messer die Kerne und Scheidewände aus den Schoten schneiden. Die Schoten und die Deckel beiseitestellen.

Die Zwiebel und den Knoblauch schälen und in feine Würfel schneiden. Das Olivenöl in einem Topf erhitzen. Die Zwiebeln und den Knoblauch darin glasig schwitzen. Den Reis hinzufügen und unter Rühren kurz anbraten, dann mit dem Weißwein ablöschen. Wenn der Wein verkocht ist, 250 ml heiße Gemüsebrühe angießen und den Reis zugedeckt bei mittlerer Hitze in ca. 15 Minuten weich garen. Nach der Garzeit hat der Reis die gesamte Flüssigkeit aufgenommen.

Die Petersilie waschen, trocknen und fein hacken. Mit dem Schnittlauch unter den Reis rühren.

Das Hackfleisch in eine Schüssel geben und mit einer Gabel auflockern, dann zu dem Reis geben und gut durchmengen. Kräftig mit Salz und Pfeffer würzen.

Die Paprikaschoten in eine Auflaufform stellen. Die Hackfleisch-Reis-Mischung in die Schoten füllen. Jede Schote mit ihrem Deckel verschließen.

Die passierten Tomaten mit der restlichen Gemüsebrühe (250 ml) in einen Topf geben und aufkochen. Die Sauce mit Salz und Pfeffer abschmecken, dann in die Form gießen.

Die Auflaufform auf der mittleren Schiene in den auf 180 °C vorgeheizten Backofen (Ober-/Unterhitze) schieben und die gefüllten Paprikaschoten darin 30 Minuten fertig garen.

BLUNZN-GRÖSTL
GERÖSTETE BLUTWURST-KARTOFFEL-PFANNE

Zutaten
für 4 Personen

Zubereitungszeit: 50 Minuten

750 g festkochende Kartoffeln
Salz
2 rote Zwiebeln
500 g Blutwurst
2 EL Butter
frisch gemahlener schwarzer Pfeffer
etwas frisch gehackte glatte Petersilie
einige rohe rote Zwiebelringe

Zubereitung
Die Kartoffeln schälen, vierteln und in reichlich Salzwasser gar kochen, dann abgießen und abtropfen lassen.
Die Zwiebeln schälen und in feine Ringe schneiden.
Die Blutwürste häuten und in fingerdicke Scheiben schneiden.
Die Butter in einer Pfanne schmelzen. Die Zwiebeln, die Kartoffeln und die Blutwurst hineingeben und von allen Seiten anbraten, dann mit Salz und Pfeffer abschmecken.
Die Blutwurstpfanne vor dem Servieren mit etwas gehackter Petersilie und einigen rohen Zwiebelringen bestreuen.

Das Blunzn-Gröstl ist ein praktisches Resteessen, weil es mit gekochten Erdäpfeln vom Vortag noch besser schmeckt.

KÄRNTNER RITSCHERT
ROLLGERSTENEINTOPF MIT FLEISCHEINLAGE

Zutaten
für 6 Personen

Zubereitungszeit: 120 Minuten | Einweichzeit der Bohnen: 12 Stunden

300 g Rollgerste (Gerstengraupen)
200 g getrocknete, kleine weiße Bohnenkerne
1 Zwiebel
2 Knoblauchzehen
500 g küchenfertige Selchripperl (gepökelte Schweinerippchen)
1 küchenfertige geselchte vordere Schweinsstelze (gepökeltes Eisbein, ca. 500 g)
1,5–2 l Gemüsebrühe
2 große Karotten
50 g Knollensellerie
50 g Porree (Lauch)
1 EL frischer oder getrockneter Liebstöckel
1 TL getrockneter Salbei
Salz
frisch gemahlener schwarzer Pfeffer
frische Petersilienblättchen zum Garnieren

Zubereitung

Die Rollgerste und die Bohnenkerne in 2 Schüsseln geben und jeweils in reichlich kaltem Wasser über Nacht einweichen.

Die Zwiebel und den Knoblauch schälen und in Würfel schneiden.

Die Selchripperl und die Schweinsstelze mit den Zwiebeln und dem Knoblauch in einen großen Topf geben. 1,5 l Gemüsebrühe angießen und aufkochen, dann 45–60 Minuten zugedeckt weiterköcheln lassen, bis das Fleisch weich ist und sich vom Knochen lösen lässt.

In der Zwischenzeit die Bohnen abgießen und 5 Minuten in kochendem Wasser blanchieren, dann abgießen. Die Rollgerste in ein Sieb gießen. Die Karotten schälen und in Scheiben schneiden. Den Sellerie schälen und in Würfel schneiden. Den Lauch putzen, vom Wurzelansatz befreien und in Ringe schneiden.

Die Selchripperl und die Schweinsstelze aus der Suppe nehmen. Die Rollgerste, die Karotten, den Sellerie und den Lauch in die Suppe geben. Den Liebstöckel und den Salbei ebenfalls hinzufügen. Die Suppe leicht mit Salz und Pfeffer abschmecken. Dann die blanchierten Bohnenkerne in die Suppe rühren und alles 30–45 Minuten köcheln lassen, bis die Bohnenkerne gar sind. Je nach Bedarf noch etwas heiße Gemüsebrühe zugeben.

Unterdessen die Ripperl und die Schweinsstelze von den Knochen lösen. Das ausgelöste Fleisch zu der Suppe geben und kurz erhitzen. Den Eintopf mit Salz und Pfeffer abschmecken und auf 6 tiefe Teller verteilen. Nach Belieben mit Petersilienblättchen garnieren und sofort servieren.

SCHOAF'S SCHWEINSKOTELETT MIT PFEFFERONI-GMIAS

SCHARF GEWÜRZTES RIPPENSTÜCK VOM SCHWEIN MIT PEPERONI-SENF-MARINADE UND OFENGEMÜSE

Zutaten

für 2 Personen

Zubereitungszeit: 35 Minuten

2 Schweinekoteletts (Mittelrippen-stück/Entrecôte vom Schwein, à ca. 300 g, ohne Knochen)
½ TL edelsüßes Paprikapulver
6 EL Pfefferonisenf
350 g vorgegarte junge festkochende Kartoffeln
3–4 große junge Knoblauchzehen
200 g eingelegte rote Peperonischoten (aus dem Glas)
3–4 EL Olivenöl
Salz
frisch gemahlener schwarzer Pfeffer

Zubereitung

Die Koteletts waschen und trocknen, dann rundherum mit dem Paprikapulver würzen und mit dem Senf einreiben. Beiseitestellen. Die vorgekochten Kartoffeln halbieren Die Knoblauchzehen halbie-ren. Die Kartoffeln und den Knoblauch mit den Peperonischoten in einen Bräter geben und alles mit 2 EL Olivenöl beträufeln. Den Bräter auf der mittleren Schiene in den auf 170 °C vorgeheizten Back-ofen (Umluft) schieben und das Gemüse darin 15 Minuten garen. Das restliche Olivenöl in einer großen Pfanne erhitzen und die Koteletts darin auf jeder Seite 1 Minute scharf anbraten. Die Kote-letts mit Salz und Pfeffer würzen, dann auf das Gemüsebett im Bräter legen und alles zusammen weitere 7–10 Minuten garen.
Die Koteletts mit dem Ofengemüse auf Tellern anrichten, mit Ros-marin garnieren und servieren.

WICHTIG

Dieses Gericht ist sehr scharf und darum nichts für Kinder. Essen Kinder mit, statt Pfefferonisenf einen Dijon-Senf verwenden und die Senfmenge halbieren und statt der Pfefferoni Paprikaschoten verwenden.

RIPPERLN MIT ERDÄPFELSPALT'N
SPARERIBS MIT KARTOFFEL-WEDGES

Zutaten
für 4 Personen

Zubereitungszeit: 20 Minuten | Garzeit: 1 Stunde

Für die Marinade
½ EL Salz
½ EL frisch gemahlener schwarzer Pfeffer
2 Knoblauchzehen, durchgepresst
¼ TL edelsüßes Paprikapulver
60 ml neutrales Pflanzenöl
1 EL mittelscharfer Senf
etwas Chilipulver

Für die Ripperl und Wedges
2 kg küchenfertige Schweinsripperl (Spareribs)
800 g kleine festkochende Kartoffeln
Salz
3–4 Zweige Rosmarin
3–4 EL Olivenöl

Zubereitung
Marinade
Sämtliche Zutaten für die Marinade in einen Rührbecher geben und gründlich vermengen.

Ripperl und Wedges
Die Ripperl waschen, trocknen und von allen Seiten mit der Marinade bestreichen. Die Ripperl zugedeckt mindestens 24 Stunden im Kühlschrank marinieren lassen.

Die Ripperl in eine große Auflaufform legen und die Form auf der mittleren Schiene in den auf 175 °C (Umluft) vorgeheizten Backofen schieben. Die Ripperl darin etwa 1 Stunde knusprig braten.
In der Zwischenzeit die Kartoffeln schälen und in Achtel schneiden (Junge Kartoffeln müssen nicht geschält werden). Diese Wedges mittig auf ein mit Backpapier bedecktes Backblech geben. Die Kartoffeln mit Salz bestreuen. Die Rosmarinnadeln von den Zweigen zupfen und über den Kartoffeln verteilen. Alles mit dem Olivenöl beträufeln. Dann alles zusammen mit den Händen gut durchmischen und die Wedges gleichmäßig auf dem Backblech verteilen, sodass sie nicht übereinanderliegen. Das Backblech unter den Spareribs in den Backofen schieben und die Kartoffeln 45 Minuten mitgaren.
Die Ripperl mit den Kartoffeln servieren.

Dazu passt Sauerrahm als Dip, ein gemischter Salat und knuspriges Weißbrot.

SCHWEINSBRAT'L MIT KREITLACHKNEDL
KRUSTENBRATEN VOM SCHWEIN MIT KNÖDELN

Zutaten
für 4–5 Personen

Zubereitungszeit: 50 Minuten | Garzeit: 2 ½ Stunden

Für das Fleisch
1,5 kg Schweinekaree mit Schwarte
(ohne Knochen) oder Schweineschul-
ter mit Schwarte
3 Knoblauchzehen
3 EL neutrales Pflanzenöl
Salz
frisch gemahlener schwarzer Pfeffer

Für die Kräuterknödel
1 große Zwiebel
1 EL neutrales Pflanzenöl
180 g Knödelbrot oder altbackene
Semmeln (Brötchen)
4 Eier (Größe M)
200 ml warme Vollmilch
½ Bund Schnittlauch
½ Bund Dill
75 g Weizenmehl
2 EL feine Speisestärke
Salz
frisch gemahlener schwarzer Pfeffer

Sauerkraut ist eine tolle Beilage zu
diesem Schweinebraten.
Schöpft man die Schweinebraten-
sauce ab und lässt sie abkühlen,
entsteht das sogenannte Bratlfett,
ein beliebter Brotaufstrich.

Zubereitung
Fleisch
Die Schwarte des Schweinefleischs mit einem scharfen Messer
rauten- oder karoförmig einschneiden.
Den Knoblauch schälen und durch die Knoblauchpresse drücken.
Den Knoblauch mit dem Pflanzenöl vermengen und das Fleisch damit
bestreichen. Das Fleisch dann kräftig mit Salz und Pfeffer würzen.
Einen Bräter etwa 1–2 cm hoch mit warmem Wasser füllen. Den
Schweinebraten mit der Schwarte nach unten hineinlegen. Den
Bräter auf der mittleren Schiene in den auf 215 °C vorgeheizten Backofen (Ober-/Unterhitze) schieben und das Fleisch darin 15 Minuten
braten. Das Fleisch dann wenden und die Backofentemperatur auf
175 °C reduzieren. Den Schweinebraten 2 Stunden braten, bis er
goldbraun ist. Dann den Backofengrill einschalten und die Schwarte
10 Minuten auf höchster Stufe knusprig grillen. Die Schwarte dabei
mehrmals mit Wasser bepinseln, damit die Kruste aufpufft. Den
Bratensaft durch ein feines Sieb gießen und mit Salz und Pfeffer
abschmecken. Das Fleisch bis zum Anrichten warm halten.

Kräuterknödel
Die Zwiebel schälen und in feine Würfel schneiden. Das Pflanzenöl in
einer Pfanne erhitzen und die Zwiebeln darin glasig schwitzen. Das
Knödelbrot in eine große Schüssel geben, mit der warmen Milch
übergießen und 10 Minuten zugedeckt ziehen lassen. Den gesamten
Pfanneninhalt hinzufügen.
Den Schnittlauch und den Dill waschen, trocknen und fein hacken.
Die gehackten Kräuter zu der Knödelmasse geben und alles mit den
Händen zu einem gebundenen Teig verkneten. Das Mehl und die
Stärke in den Teig mischen. Mit Salz und Pfeffer würzen.
In einem großen Topf reichlich Salzwasser zum Kochen bringen. Aus
dem Knödelteig mit angefeuchteten Händen 12 kleine Knödel for-
men. Die Knödel in das siedende Wasser gleiten lassen und 10 Minu-
ten ziehen lassen. Die fertigen Knödel mit einem Schaumlöffel aus
dem Topf heben.

Anrichten
Den Schweinebraten in Tranchen schneiden und auf Tellern anrichten. Die Knödel dazugeben und mit Bratensaft beträufeln.

RINDSBRATL MIT SENFKRUST'N
ROASTBEEF VOM HEIMISCHEN RIND

Zutaten
für 4–5 Personen

Zubereitungszeit: 15 Minuten | Garzeit: 3–4 Stunden

850 g frisches Roastbeef vom Rind
Salz
frisch gemahlener schwarzer Pfeffer
8 EL Estragonsenf
2–3 Zwiebeln
3 EL Olivenöl
5–6 Zweige Rosmarin
5 EL Butter

Zubereitung

Das Rindfleisch waschen und trocknen. Das Fleisch rundherum gleichmäßig mit Salz und Pfeffer einreiben, dann mit dem Senf bestreichen. Die Zwiebeln schälen und in Achtel schneiden.
Das Olivenöl in einer Pfanne erhitzen. Das Rindfleisch darin von allen Seiten kurz und scharf anbraten. Das angebratene Rindfleisch in eine Auflaufform geben und die Zwiebeln darum verteilen. Die Rosmarinzweige auf und um das Fleisch legen und die Butter verteilen.
Die Form auf der mittleren Schiene in den auf 100 °C vorgeheizten Backofen (Ober-/Unterhitze) schieben und 3 ½ Stunden garen. Wenn das Fleisch eine Kerntemperatur von 70 °C erreicht hat, ist es medium gebraten und hat den optimalen Garpunkt erreicht. (Die Temperatur mit einem Bratenthermometer prüfen.) Die Form aus dem Backofen nehmen, das gegarte Fleisch mit Alufolie bedecken und 5 Minuten ruhen lassen. Zum Servieren in Tranchen schneiden. Je nach Wunsch mit Salz und Pfeffer würzen.

Warm serviert schmeckt der Rinderbraten am besten mit Salzkartoffeln. Kalt serviert schneidet man ihn in feine Scheiben und reicht ihn mit rustikalem Bauernbrot und etwas Senf.

TAFELSPITZ MIT APFEL- UND SEMMELKREN

ALTWIENER SIEDEFLEISCH MIT APFEL- UND SEMMELMEERRETTICH

Zutaten
für 5–6 Personen

Zubereitungszeit: 60 Minuten | Garzeit: 3 Stunden

Für den Tafelspitz
2 kg küchenfertiger Tafelspitz vom Rind
1 TL getrocknete Wacholderbeeren
1 TL schwarze Pfefferkörner
2–3 getrocknete Lorbeerblätter
4 Karotten
3 gelbe Rüben (gelbe Karotten)
½ Knollensellerie
1 Stange Lauch
2 Zwiebeln
¼ Bund glatte Petersilie
Salz
frisch gemahlener schwarzer Pfeffer

Zubereitung
Tafelspitz
Das Fleisch unter fließendem kaltem Wasser waschen.
In einem großen Topf 4–5 l Wasser aufkochen. Das Fleisch mit den Wacholderbeeren, den Pfefferkörnern und den Lorbeerblättern hineingeben und bei mittlerer Temperatur im geschlossenen Topf 2 Stunden köcheln lassen. Dabei immer wieder den an der Oberfläche entstehenden Schaum abschöpfen.
In der Zwischenzeit die Karotten und die Rüben schälen und in Scheiben oder längliche Stücke schneiden. Den Sellerie schälen und in grobe Würfel schneiden. Den Lauch putzen und den Wurzelansatz abschneiden. Den Lauch in Scheiben schneiden. Die Zwiebeln schälen und in grobe Würfel schneiden. Die Petersilie waschen, trocknen und grob hacken. Alles nach 2 Stunden Garzeit zu dem Tafelspitz in den Topf geben und nochmals 1 Stunde köcheln lassen. Den fertigen Tafelspitz aus dem Topf nehmen und mit Alufolie bedeckt 5–10 Minuten ruhen lassen. Die Suppe mit Salz und frisch gemahlenem Pfeffer abschmecken.

Für den Semmelkren

5 altbackene Semmeln
500 ml heiße Rinderbrühe vom Tafelspitz
50 g frisch geriebener Kren (Meerrettich)
200 ml flüssiges Schlagobers
Salz

Für den Apfelkren

375 g Äpfel (z.B. Boskoop)
Saft von 1 Zitrone
60 g frisch geriebener Kren (Meerrettich)
1 ½ EL Kristallzucker

Semmelkren

Die Semmeln in feine Würfel schneiden und in einen kleinen Topf geben. Die heiße Rinderbrühe, den Kren und das Schlagobers hinzufügen und alles unter Rühren zum Köcheln bringen. Bei mittlerer Temperatur sämig einkochen. Den Semmelkren mit Salz abschmecken.

Apfelkren

Die Äpfel schälen, vom Kerngehäuse befreien und in feine Würfel schneiden. Etwas Wasser in einem kleinen Topf aufkochen, den Zitronensaft, den Kren und den Zucker hineingeben und unter Rühren auflösen. Die Apfelwürfel hineingeben und 5–10 Minuten köcheln lassen, bis die Apfelwürfel leicht zerfallen.

Anrichten

Den Tafelspitz in Scheiben schneiden und diese in tiefe Teller geben. Das Suppengemüse dazugeben und mit etwas heißer Rindersuppe angießen. Den warmen Apfelkren und den warmen Semmelkren separat dazu reichen.

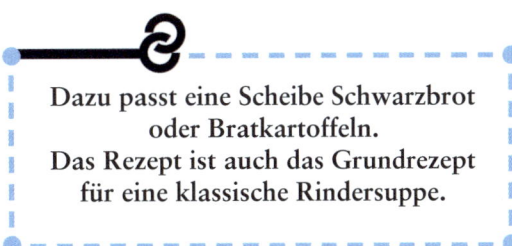

Dazu passt eine Scheibe Schwarzbrot oder Bratkartoffeln.
Das Rezept ist auch das Grundrezept für eine klassische Rindersuppe.

FEINE JAGAMAHLZEIT
REHMEDAILLONS MIT COGNAC-RISOTTO

Zutaten
für 4 Personen

Zubereitungszeit: 35 Minuten

Für den Risotto

1 Zwiebel
1 EL Olivenöl
200 g Risotto-Reis
40–60 ml Cognac
850 ml heiße Gemüsebrühe
70 g frisch geriebener Parmesan
20 g kalte Butterwürfel
Salz
frisch gemahlener schwarzer Pfeffer

Für das Fleisch und die Sauce

4 küchenfertige Reh- oder Hirsch-
medaillons (à 80–85 g)
1 EL Olivenöl
100 ml Gemüsebrühe
Salz
frisch gemahlener schwarzer Pfeffer
½ TL Maisstärke

Anrichten

100 g eingemachte Preiselbeeren
2 Zweige Rosmarin

Die Sauce wird noch sämiger und
voller, wenn man kurz vor dem
Servieren kalte Butterwürfelchen
mit dem Schneebesen einarbeitet
(montieren).

Zubereitung

Risotto

Die Zwiebel schälen und in feine Würfel schneiden. Das Olivenöl in einem großen Topf erhitzen und die Zwiebelwürfel darin anschwitzen. Den Reis hinzufügen und unter stetigem Rühren glasig schwitzen, dann mit dem Cognac ablöschen. Sobald der Cognac verkocht ist, die heiße Gemüsebrühe schöpflöffelweise hinzufügen und unter gelegentlichem Rühren einkochen lassen. Dabei immer erst heiße Brühe hinzufügen, wenn der Reis die Flüssigkeit aufgenommen hat. Auf diese Weise verfahren, bis der Reis gar, aber noch bissfest ist. Dann den Parmesan und die kalten Butterwürfel in den Risotto rühren. Mit Salz und Pfeffer abschmecken. Den Risotto im geschlossenen Topf bis zum Servieren durchziehen lassen.

Fleisch und Sauce

Die Wildmedaillons waschen und trocken tupfen. Das Olivenöl in einer Pfanne erhitzen und die Wildmedaillons darin auf jeder Seite 2–3 Minuten scharf anbraten. Die angebratenen Medaillons auf einen warmen Teller legen, mit Alufolie bedecken und 5 Minuten ruhen lassen. Nach der Ruhezeit mit Salz und Pfeffer würzen.
In der Zwischenzeit den Bratensatz in der Pfanne mit der Gemüsebrühe loskochen und mit Salz und Pfeffer würzen. Die Sauce mit der in etwas kaltem Wasser angerührten Speisestärke sämig binden.

Anrichten

Den Risotto auf 4 Teller verteilen. Auf den Risotto je 1 Wildmedaillon legen und etwas Sauce auf das Fleisch träufeln. Mit Rosmarin garnieren und mit Pfeffer bestreuen. Die Preiselbeeren in kleinen Schälchen dazu reichen.

AUS DER ZUCKERBÄCKEREI

MEHLSPEISEN UND DESSERTS

MILCHREIS MIT HOASSE HUMBEE
MILCHREIS MIT HEISSEN HIMBEEREN

Zutaten
für 4 Personen

Zubereitungszeit: 35 Minuten

Für den Milchreis
1 Vanilleschote
1 l Vollmilch
1 Päckchen Vanillezucker
300 g Risotto-Reis
4 EL Kristallzucker
250 frische Himbeeren (alternativ TK-Himbeeren)
Saft von 1 Zitrone
2 EL Staubzucker

Zum Garnieren
einige frische Himbeeren und Schwarzbeeren (Heidelbeeren)
einige gehackte Pistazienkerne
etwas gemahlener Zimt

Zubereitung
Die Vanilleschote mit einem spitzen Messer der Länge nach aufschlitzen und das Mark herauskratzen.

Die Milch mit dem Vanillemark und dem Vanillezucker in einen Topf geben. Den Reis hinzufügen. Den Topfinhalt bei niedriger Temperatur erhitzen. Den Reis unter häufigem Rühren ca. 25–30 Minuten köcheln lassen, bis er weich ist. Dabei aufpassen, dass er nicht am Topfboden anbrennt und bei Bedarf etwas Milch nachgießen. Kurz vor Ende der Garzeit den Kristallzucker in den Milchreis rühren.

Die frischen Himbeeren waschen und verlesen. Die Himbeeren mit dem Zitronensaft und dem Staubzucker in einen kleinen Topf geben und erhitzen.

Den Milchreis auf 4 Schalen verteilen und die heißen Himbeeren darübergeben. Nach Belieben mit den frischen Beeren und den gehackten Pistazien garnieren. Zum Schluss mit etwas Zimt bestäuben.

SIASSE OPFL-REIS-NACHSPEIS
REISAUFLAUF MIT ÄPFELN UND SCHNEEHAUBE

Zutaten
für 4 Personen

Zubereitungszeit: 60 Minuten

200 g Rundkornreis
50 g Kristallzucker
850 ml Vollmilch
2 Eigelbe
½ TL gemahlener Zimt
2 Äpfel (z.B. Boskoop)
4 Eiweiß
4 EL Puderzucker, etwas mehr zum Bestäuben
etwas weiche Butter und Weizenmehl für die Formen

Zubereitung

Den Reis mit dem Zucker in einen großen Topf geben. Die Milch angießen und den Topfinhalt bei niedriger Temperatur erhitzen. Den Reis unter häufigem Rühren 25–30 Minuten köcheln lassen, bis er weich ist. Dabei aufpassen, dass er nicht am Topfboden anbrennt. Den Milchreis in eine Schüssel füllen und 5 Minuten abkühlen lassen. Die Eigelbe unter den garen Milchreis rühren. Den Milchreis mit dem Zimt bestäuben und erneut umrühren.

Die Äpfel schälen und fein reiben. Die Kerngehäuse dabei nicht reiben. Die geriebenen Äpfel unter den Milchreis rühren. Den Apfel-Milchreis in 4 gebutterte und bemehlte Auflaufförmchen (à 13 cm Durchmesser) verteilen.

Die Eiweiße und den Puderzucker in eine Rührschüssel geben und zu steifem Schnee schlagen. Den Eischnee auf dem Apfel-Milchreis verteilen. (Oder den Eischnee in einen Spritzbeutel füllen und in Tupfen auf den Apfel-Milchreis spritzen.)

Die Förmchen auf der mittleren Schiene in den auf 165 °C vorgeheizten Backofen (Umluft) schieben und die Aufläufe etwa 20 Minuten backen, bis die Baiserhauben schön braun sind.

Zum Schluss mit etwas Puderzucker bestäuben und warm servieren.

BEERENSCHMARRN
KAISERSCHMARRREN MIT BEEREN

Zutaten
für 4 Personen

Zubereitungszeit: 25 Minuten

220 g Weizenmehl Type 405
1 Päckchen Backpulver (à 16 g)
2 Päckchen Vanillezucker (à 8 g)
250 ml Vollmilch
6 Eier (Größe L)
1 guter Schuss Mineralwasser (mit Kohlensäure)
4 EL brauner Rum
200 g frische Blaubeeren, geputzt und verlesen
150 g frische Himbeeren, geputzt und verlesen
30 g Butter für die Pfanne
Staubzucker zum Garnieren

Zubereitung

Das Mehl mit dem Backpulver in eine große Rührschüssel sieben. Den Vanillezucker dazugeben. Dann die Milch und die Eier hinzufügen und alles mit dem Handrührgerät (Rührbesen) auf höchster Stufe zu einem glatten Teig verrühren. Dann das Mineralwasser und den Rum hineinrühren.

Die Butter in einer großen, schweren Pfanne zerlassen. Den Teig in die heiße Pfanne gießen und je ⅓ der Blaubeeren und der Himbeeren darüber verteilen. Den Teig bei mittlerer Hitze backen. Dabei die Pfanne immer wieder hin und her rütteln, damit er nicht am Pfannenboden haften bleibt.

Wenn der Teig unten schön goldbraun ist und sein Volumen sichtbar vergrößert hat, ihn mit einem Pfannenwender in Stücke zu einem Schmarren reißen. Die Pfanne gut durchschwenken und den Schmarren kurz nachbacken.

Den Schmarren zum Servieren mit Staubzucker übersieben und mit den restlichen Beeren garnieren.

Das Mineralwasser macht den Schmarrenteig schön locker und luftig. Der Beerenschmarren kann nach Belieben mit anderen Beeren der Saison (z.B. Ribiseln oder Brombeeren) gebacken werden.

MINI-TOPFENGOLATSCHEN MIT VANILLESOSS'
MINI-QUARKTASCHEN MIT VANILLESAUCE

Zutaten
für 12–15 Stück

Zubereitungszeit: 45 Minuten

Für die Topfengolatschen
180 g Topfen (Halbfettstufe)
2 Eier (Größe L)
80 g Kristallzucker
etwas frisch abgeriebene Zitronen-
schale
1 Rolle Blätterteig (275 g, aus dem
Kühlregal)

Für die Vanillesauce
1 Vanilleschote
500 ml Vollmilch
2 Päckchen Vanillezucker
2 Eigelb
7 g Maisstärke

Zubereitung
Topfengolatschen
Den Topfen mit 1 Ei und dem Zucker in eine Rührschüssel geben und
mit dem Handrührgerät (Rührbesen) kurz verrühren. Die Topfen-
creme mit dem Zitronenabrieb würzen und etwa 3 Minuten cremig
aufschlagen.
Die Blätterteigrolle auf der Arbeitsplatte ausrollen und mit einem scharfen Messer in 12–15 Quadrate von je 8 cm Kantenlänge schneiden.
Das zweite Ei in eine kleine Schüssel schlagen und verquirlen. Die
Ränder der Blätterteigquadrate mit dem verquirlten Ei bestreichen.
In die Mitte jedes Blätterteigquadrats 1 EL Topfencreme geben. Die
Ecken der Teigquadrate nach oben zusammenklappen und fest andrücken.
Die Topfengolatschen auf ein mit Backpapier bedecktes Backblech
legen und im auf 180 °C vorgeheizten Backofen (Umluft) auf der mitt-
leren Schiene etwa 20 Minuten goldbraun backen.

Vanillesauce
Die Vanilleschote mit einem scharfen Messer der Länge nach auf-
schlitzen und das Mark herauskratzen.
Die Milch mit dem Vanillezucker und dem Vanillemark in einen klei-
nen Topf geben und bei mittlerer Temperatur unter Rühren erhitzen,
bis sie leicht köchelt. Dann den Topf vom Herd nehmen und die
Vanillemilch etwas abkühlen lassen.
Die Eigelbe und die Maisstärke in einer Schüssel glatt rühren. Von
der lauwarmen Vanillemilch 1 Schöpfkelle abnehmen und unter die
Eigelbe rühren. Dieses Gemisch in die restliche Vanillemilch rühren.
Diese Vanillesauce erneut unter Rühren erhitzen, bis sie leicht köchelt
und bindet. Die Vanillesauce durch ein feines Sieb passieren und in
ein Kännchen füllen.

Anrichten
Die warmen Topfengolatschen mit der warmen Vanillesauce
servieren.

STOCKPLATTL'N MIT SCHWARZBEERMARMELAD'
KRAPFENTURM MIT SCHWARZBEERENKONFITÜRE

Zutaten
für 4 Personen

Zubereitungszeit: 60 Minuten

Für die Stockplatteln
225 ml Vollmilch
50 g Kristallzucker
1 Würfel frischer Germ (Hefe)
475 g Weizenmehl, etwas mehr für die
Arbeitsfläche
1 Ei
1 Eigelb
70 g flüssige Butter
reichlich neutrales Pflanzenöl zum
Ausbacken

Für die Füllung
150 ml Vollmilch
2 EL flüssiger Honig
150–200 g Schwarzbeerenkonfitüre
(Heidelbeerkonfitüre)
etwas Staubzucker

Zubereitung
Stockplatteln
Die Milch in einem kleinen Topf lauwarm erhitzen. Den Topf vom
Herd nehmen. Den Zucker und die Hefe hinzufügen und unter
Rühren auflösen.
Das Mehl in eine große Rührschüssel sieben und in die Mitte eine
Mulde drücken. Das Ei, das Eigelb, die flüssige Butter und das lau-
warme Hefegemisch in die Mulde geben, dann alles mit dem Hand-
rührgerät (Knethaken) oder mit den Händen zu einem glatten
Hefeteig verarbeiten. Die Schüssel mit einem Tuch bedecken und
den Teig an einem warmen Ort 45 Minuten gehen lassen.
Den Hefeteig nach der Gehzeit auf einer bemehlten Arbeitsfläche zu
einer 1 cm dicken Platte ausrollen. Aus dieser Hefeteigplatte mit
einem runden Ausstecher oder einem großen Glas (10–12 cm Durchmesser) 10–12 Kreise ausstechen.
Das Pflanzenöl in einem großen Topf erhitzen. Die Teigkreise darin
einzeln goldbraun ausbacken, dabei je einmal wenden. Die frittierten
Stockplatteln mit einem Schaumlöffel aus dem Topf heben und auf
Küchenpapier abtropfen lassen.

Füllung
Die Milch mit dem Honig in einen Topf geben und erhitzen. Die
Stockplatteln mit der heißen Honigmilch bestreichen. Das erste
Stockplattel mit Konfitüre bestreichen und ein zweites daraufsetzen.
So weitermachen und die Platteln zu einem Turm aufeinander-
stapeln. Vor dem Servieren nach Belieben mit Staubzucker
bestäuben.

WUCHTELN MIT VANILLESOSS'
GEFÜLLTE BUCHTELN AUS DEM OFEN

Zutaten
für 6 Personen

Zubereitungszeit: 80 Minuten | Backzeit: 40 Minuten

Für die Wuchteln
½ Vanilleschote
250 ml Vollmilch
2 Würfel frischer Germ (frische Hefe, à 42 g)
520 g Weizenmehl, etwas mehr für die Arbeitsfläche
2 Eier
130 g flüssige Butter
75 g Puderzucker
150 g Marillenmarmelade (Aprikosenkonfitüre)
etwas weiche Butter für die Form

Anrichten
Puderzucker zum Übersieben
Vanillesauce (siehe Seite 149)

Zubereitung
Wuchteln
Die Vanilleschote mit einem scharfen Messer der Länge nach aufschlitzen und das Mark herauskratzen.
Die Milch lauwarm erwärmen und die Hefe unter Rühren darin auflösen.
Das Mehl in eine Schüssel sieben und eine Mulde hineindrücken. Die Milch-Hefe-Mischung, die Eier, 100 g flüssige Butter, das Vanillemark und den Puderzucker hinzufügen. Alles mit dem Handrührgerät (Knethaken) zu einem gebundenen, glatten Teig verarbeiten. Der Hefeteig sollte sich gut von der Schüssel lösen. Die Schüssel mit einem Tuch bedecken und den Teig an einem warmen Ort 30 Minuten gehen lassen, bis er sein Volumen verdoppelt hat.
Den Teig nach der Gehzeit auf einer bemehlten Arbeitsfläche zu einer 0,5 cm dicken Platte ausrollen. Aus dem Teig mit einem runden Ausstecher oder der Oberseite eines Glases (ca. 8 cm Durchmesser) etwa 24 Kreise ausstechen.
In die Mitte jedes Teigkreises 1 TL Marillenmarmelade geben und die Kreise zu kleinen Kugeln formen. Die Kugeln in eine mit Butter gefettete Auflaufform setzen, mit einem Tuch bedecken und an einem warmen Ort weitere 30 Minuten gehen lassen. Die Wuchteln dann mit der restlichen flüssigen Butter bestreichen. Die Form auf der mittleren Schiene in den auf 175 °C vorgeheizten Backofen (Ober-/Unterhitze) schieben und die Wuchteln darin 40 Minuten backen.

Anrichten
Die heißen Wuchteln mit Puderzucker bestäuben und mit der warmen Vanillesauce servieren.

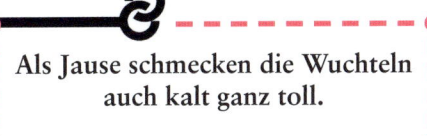

Als Jause schmecken die Wuchteln auch kalt ganz toll.

ZWETSCHGENKNED'L IM GLASL

SCHICHTDESSERT MIT PFLAUMEN UND SÜSSEN BRÖSELN

Zutaten
für 2 Portionen

Zubereitungszeit: 35 Minuten | Ruhezeit: 3–4 Stunden

2 EL weiche Butter
100 g Semmelbrösel
4 EL Kristallzucker
¼ TL gemahlener Zimt, etwas mehr
zum Bestäuben
4 feste, reife Zwetschgen
150 g Crème fraîche
150 g Sauerrahm
1 EL brauner Rum
2 Päckchen Vanillezucker (à 8 g)

Zubereitung

Etwas Butter in einer Pfanne schmelzen, dann die Pfanne vom Herd
nehmen. Die Semmelbrösel, 3 EL Zucker und den Zimt in die flüssige
Butter rühren und alles mit einem Pfannenwender zu Bröseln verarbeiten. Die süßen Brösel aus der Pfanne nehmen und auf einem
Teller abkühlen lassen.

Die Zwetschgen waschen, trocknen, halbieren und entsteinen. Jede
Zwetschgenhälfte in 4 Spalten schneiden.

Wieder etwas Butter in der Pfanne schmelzen und den restlichen
Zucker (1 EL) darin karamellisieren. Die Zwetschgenspalten hineingeben und von allen Seiten mit dem Karamell überziehen. Die karamellisierten Zwetschgen auf einen Teller legen und abkühlen lassen.

Die Crème fraîche mit dem Sauerrahm, dem Rum und dem Vanillezucker in eine Schüssel geben und glatt rühren.

Die Hälfte der süßen Brösel in 2 große Dessertgläser geben und je
eine Schicht Creme darauf verteilen (dazu die Hälfte der Creme
verwenden). Auf die Cremeschicht alle Zwetschgen geben, dabei
nur einige Spalten zum Garnieren zurückbehalten. Die Zwetschgen-
schicht wieder mit Bröseln bedecken, dabei alle Brösel aufbrauchen.
Die Bröselschicht mit der restlichen Creme bedecken und mit den
restlichen Zwetschgenspalten garnieren. Mit etwas Zimt bestäuben.

Besonders gut schmeckt es, wenn man
die Gläser vor dem Servieren einige
Stunden in den Kühlschrank stellt.

STEIRISCHES GLASLTIRAMISU
APFELTIRAMISU IM GLAS

Zutaten
für 4 Personen

Zubereitungszeit: 10 Minuten | Für das Apfelmus: 75 Minuten

Für das Apfelmus
500 g süß-säuerliche Äpfel (z.B. Braeburn, Cox Orange oder Elstar)
1 Vanilleschote
120 ml Wasser
2 EL Kristallzucker
Saft von ½ Zitrone
2 Stangen Zimt

Für die Mascarponecreme
250 g Mascarino (fettreduzierter Mascarpone), ersatzweise Mascarpone
150 ml flüssiges Schlagobers
3–4 EL brauner Rum
2 Päckchen Vanillezucker (à 8 g)

Zum Fertigstellen
100 g Vollkorn-Biskotten (Vollkorn-Löffelbiskuits)
etwas gemahlener Zimt

Mit fertigem Apfelmus zubereitet wird dieser Nachtisch zum unkomplizierten Blitzdessert, das sich in wenigen Minuten zubereiten lässt. Am besten nimmt man kleine Weckgläser mit einem Fassungsvermögen von 160 ml.

Zubereitung
Apfelmus
Die Äpfel schälen, vierteln, vom Kerngehäuse befreien und in Stücke schneiden.
Die Vanilleschote der Länge nach halbieren und das Mark mit einem spitzen Messer herauskratzen.
Das Wasser in einen Topf geben, die Äpfel mit dem Zucker, dem Vanillemark, dem Zitronensaft und den Zimtstangen hineingeben und aufkochen. Den Topfinhalt zugedeckt etwa 25–30 Minuten auf mittlerer Stufe einkochen. Dann die Zimtstangen entfernen und die gekochten Apfelstücke mit dem Pürierstab fein mixen. Das Apfelmus abkühlen lassen, dann kalt stellen.

Mascarponecreme
Den Mascarpone mit dem Schlagobers, dem Rum und dem Vanillezucker in eine Rührschüssel geben und mit dem Handrührgerät (Rührbesen) glatt rühren. Die Mascarponecreme in einen Spritzbeutel mit Sterntülle füllen und kalt stellen.

Fertigstellen
Die Vollkorn-Biskotten in einen Gefrierbeutel geben und mit dem Nudelholz zu ganz feinen Bröseln zerstoßen.
4 dekorative Dessert- oder Weckgläser je etwa 1 cm hoch mit Biskottenbröseln füllen. Darauf je eine 1 cm hohe Schicht Mascarponecreme spritzen, diese mit Zimt bestreuen und darauf je eine 1 cm dicke Schicht Apfelmus geben. Diesen Vorgang wiederholen. Jedes Glas mit einer Schicht Mascarponecreme abschließen und mit Zimt bestäuben. Das Apfeltiramisu am besten 2–3 Stunden im Kühlschrank durchziehen lassen.

GLÜHWEIN-TIRAMISU
WINTERLICHES PFLAUMEN-SCHICHTDESSERT

Zubereitungszeit: 45 Minuten | Ruhezeit: 3–4 Stunden

Für die Glühweinzwetschgen

250 ml trockener Rotwein
3 EL Glühweingewürz
25 g Kristallzucker
1½ TL Maisstärke
6 reife, feste Zwetschgen

Für die Creme

200 g flüssiges Schlagobers
200 g Sauerrahm (saure Sahne)
½ TL gemahlener Zimt
Zesten von ½ Bio-Zitrone
Mark von 1 Vanilleschote
Saft von ½ Zitrone
30 ml Orangensaft
3 Päckchen Vanillezucker

Zum Fertigstellen

175 g Lebkuchen
2 Walnusskerne, halbiert
etwas gemahlenen Zimt zum
Bestreuen

Zubereitung

Glühweinzwetschgen

Den Rotwein mit dem Glühweingewürz und dem Zucker in einen Topf geben und erhitzen. Den Zucker unter Rühren auflösen. Den Rotwein sanft köchelnd auf ⅓ reduzieren. Die Rotweinreduktion durch ein feines Sieb gießen und zurück in den Topf geben.
Von der Rotweinreduktion etwas abnehmen, abkühlen lassen und die Maisstärke damit glatt rühren. Die angerührte Stärke in die restliche Rotweinreduktion rühren und aufkochen lassen.
Die Zwetschgen waschen, trocknen, halbieren und entkernen. Jede Hälfte in 4 Spalten schneiden. Diese Zwetschgenspalten in die Rotweinreduktion legen. Den Topfinhalt in eine kalte Schüssel füllen und die Glühweinzwetschgen abkühlen lassen.

Creme

Das Schlagobers in einen Rührbecher geben und steif schlagen. Den Sauerrahm zusammen mit dem Zimt, den Zitronenzesten und dem Vanillemark glatt rühren. Anschließend den Zitronen- und den Orangensaft sowie den Vanillezucker in die Creme rühren. Zum Schluss das Schlagobers unterziehen.

Fertigstellen

Die Lebkuchen zu Bröseln brechen und die Hälfte der Brösel auf vier Dessertgläser verteilen. Darauf die Hälfte der Sahnecreme verteilen. Darauf wiederum die Hälfte der Zwetschgen samt Rotweinreduktion verteilen. Die restlichen Lebkuchenbrösel als nächste Schicht, darauf die restliche Creme und als letzte Schicht die restlichen Zwetschgen mit Rotweinreduktion. Die Oberflächen mit etwas Zimt bestäuben und mit je 1 Walnusskernhälfte garnieren.
Die Dessertgläser vor dem Servieren mindestens 3–4 Stunden (am besten über Nacht) in den Kühlschrank stellen.

RAHMKOCH-MINI-GUGEL
ALM-MARZIPAN

Zutaten
für 6 Personen

Zubereitungszeit: 45 Minuten

250 g Weizenmehl
175 ml flüssiges Schlagobers
130 g Butter
7 EL Kristallzucker
3 EL Korinthen (oder Rosinen)
¾ TL gemahlener Zimt
1 Prise Salz
4 EL brauner Rum
1 Ei (Größe L)
etwas Staubzucker

Zubereitung

Das Mehl in eine Rührschüssel sieben, das Schlagobers hinzufügen und das Gemisch in der Küchenmaschine zu feinen Bröseln verarbeiten.

Die Butter in einem kleinen Topf bei niedriger Temperatur schmelzen. Die Mehlbrösel hinzufügen und mit dem Holzkochlöffel einrühren. Das Gemisch bei niedriger Temperatur 15 Minuten unter stetigem Rühren einkochen, dadurch verliert sich der Mehlgeschmack. Dann den Zucker, die Korinthen, den Zimt und das Salz sowie den Rum hinzufügen und gründlich einarbeiten. Die Masse stetig weiterrühren. Sobald der Teig zäh wird, den Topf vom Herd nehmen und den Teig in eine kalte Glasschüssel geben. Dann das Ei gründlich in den Teig rühren.

Den Teig auf 6 Mini-Gugelhupf-Formen (je 5 cm Durchmesser) verteilen. Die Formen mindestens 12 Stunden (am besten über Nacht) in den Kühlschrank stellen.

Die Gugelhupfe zum Servieren aus den Formen stürzen und mit Staubzucker bestäuben.

Verwendet man Silikonformen, so lassen
sich die Gugelhupfe am besten lösen.
Dazu passt kalte Milch oder ein Kaffee.
Rahmkoch wird auch Lungauer
Marzipan genannt.

EISREINDLING MIT GRANTENSCHLECK
PREISELBEER-PARFAIT AUS DER MINI-GUGELHUPF-FORM

Zutaten
für 12 Reindlinge

Zubereitungszeit: 30 Minuten | Gefrierzeit: 6 Stunden

50 g Rosinen
3 EL brauner Rum
3 Eier
1 Eigelb
3 EL flüssiger Honig
etwas frisch ausgekratztes Vanillemark
100 g Sauerrahm
4 EL gehackte Walnusskerne
2 TL gemahlener Zimt
350 ml flüssiges Schlagobers
175 g eingemachte Preiselbeeren
(aus dem Glas)

Zubereitung

Die Rosinen in ein Glas geben und mit dem Rum übergießen. Die Rosinen beiseitestellen und ziehen lassen.

Die Eier und das Eigelb mit 2 EL Honig und dem Vanillemark in eine Metallschüssel geben und diese auf ein heißes Wasserbad stellen. Dabei darauf achten, dass der Boden der Schüssel nicht die Wasseroberfläche berührt. Das Gemisch mit dem Handrührgerät (Rührbesen) etwa 10 Minuten schaumig schlagen, bis eine weißliche, gebundene Creme entstanden ist. (Achtung: Das Wasserbad darf nicht zu heiß sein, sonst gibt es Rührei.)

Die Schüssel dann auf ein Eiswürfelbad stellen und die Creme etwa 5 Minuten kalt schlagen. Den Sauerrahm unter die abgekühlte Eiercreme rühren.

Dann die eingelegten Rosinen samt dem Rum, die Walnüsse und 1 TL Zimt vorsichtig unterziehen.

Das Schlagobers steif schlagen. 150 g Preiselbeeren unter das geschlagene Obers ziehen. Anschließend das Preiselbeerobers vorsichtig unter die Eiercreme ziehen.

Die Hälfte der Preiselbeercreme in 12 kleine Gugelhupfförmchen (aus Silikon, 7–8 cm Durchmesser) füllen, sodass jedes Förmchen bis zur Hälfte gefüllt ist. Die restlichen Preiselbeeren und den restlichen Honig auf die Gugelhupfe geben und alles mit Zimt bestreuen. Die restliche Preiselbeercreme darübergeben und glatt streichen. Die Gugelhupfe vor dem Servieren mindestens 6 Stunden tiefkühlen.

Die Formen 5 Minuten vor dem Servieren aus dem Gefrierfach nehmen. Die Mini-Gugelhupfe aus den Formen lösen und servieren.

HUMBEESORBET MIT HUMBEEGEIST
HIMBEERSORBET MIT HIMBEERLIKÖR

Zutaten
für 6 Personen

Zubereitungszeit: 15 Minuten | Gefrierzeit: 4–5 Stunden

1 Bio-Zitrone
170 ml Wasser
175 g Kristallzucker
600 g frische Himbeeren
6 EL Himbeerlikör oder Himbeergeist
(optional)
6 kleine Zweige Rosmarin, zum
Garnieren

Zubereitung

Die Zitrone heiß waschen. Die Hälfte der Schale mit einem Zestenreißer abziehen. Den Saft der Zitrone komplett auspressen.
Das Wasser mit dem Zucker, dem Zitronensaft und den Zitronenzesten in einen Topf geben und aufkochen. Den Sirup 10 Minuten
köcheln lassen, dann durch ein Sieb gießen und abkühlen lassen.
Die Himbeeren waschen und verlesen, mit dem Zuckersirup in einen
Mixbecher geben und mit dem Pürierstab fein mixen. Diese Himbeercreme in der Eismaschine zu cremigem Sorbet gefrieren. (Alternativ die Himbeercreme in eine flache Gefrierform geben und im
Gefrierfach etwa 1 Stunde anfrieren. Dann mit dem Schneebesen
durchrühren, damit sich keine Eiskristalle bilden. Die Creme weitere
3 Stunden im Gefrierfach tiefkühlen, dabei alle 30 Minuten mit dem
Schneebesen durchrühren.)
Zum Servieren mit zwei Esslöffeln Nocken von dem Himbeersorbet
abstechen und diese in Dessertgläser geben. Nach Belieben etwas
Himbeerlikör oder Himbeergeist darübergeben und nach Belieben
mit Rosmarin dekorieren.

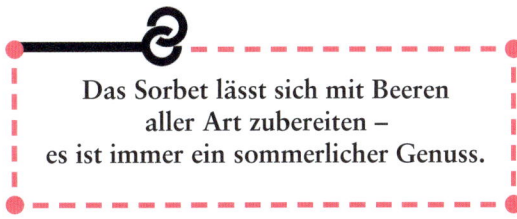

Das Sorbet lässt sich mit Beeren
aller Art zubereiten –
es ist immer ein sommerlicher Genuss.

RIBISEL-STECKERL-EIS
JOHANNISBEER-JOGHURT-POPSICLES

Zutaten
für 6 Personen

Zubereitungszeit: 20 Minuten | Gefrierzeit: 6 Stunden

350 g rote Ribisel (rote Johannis-beeren)
2 TL frisch gepresster Zitronensaft
5 EL Staubzucker
275 g Naturjoghurt

Zubereitung
Die Johannisbeeren von den Stielen zupfen und waschen. Die Johannisbeeren mit dem Zitronensaft und dem Staubzucker im Mixer oder mit dem Pürierstab zu einem feinen Püree mixen.
Den Joghurt glatt rühren und abwechselnd mit dem Johannisbeer-püree in 6 Stieleisformen füllen. Mit dem Holzstiel für das Eis locker durch die Füllungen rühren, dann den Stiel in die Füllung stecken und die Stieleise im Tiefkühlfach mindestens 6 Stunden gefrieren.

AUS DEM KAFFEEHAUS

TORTEN UND KUCHEN

RIBISEL-CUPCAKES MIT SCHNEEHAUB'N

CUPCAKES MIT JOHANNISBEEREN UND BAISERHAUBE

Zutaten
für 12 Cupcakes

Zubereitungszeit: 50 Minuten

3 Eier (Größe M)
260 g Kristallzucker
1 Päckchen Vanillezucker (8 g)
220 g Weizenmehl Type 405
½ Päckchen Backpulver (8 g)
100 ml Vollmilch
50 ml Sonnenblumenöl
200 g Ribisel
4 Eiweiß (von Eiern Größe M)

Zubereitung
Die Eier mit 110 g Zucker und dem Vanillezucker in eine Rührschüssel geben und mit dem Handrührgerät (Rührbesen) 5 Minuten auf höchster Stufe schaumig schlagen, bis eine lockere, weißliche Creme entstanden ist. Das mit dem Backpulver versiebte Mehl portionsweise hineinrühren. Die Milch und das Sonnenblumenöl langsam hineinfließen lassen und weiterrühren, bis ein gebundener Teig entstanden ist. Die Ribisel waschen, trocknen und die Hälfte von den Stielen zupfen. Die gezupften Ribisel vorsichtig unter den Teig ziehen.
Den Teig in die mit Papierförmchen ausgekleideten Vertiefungen eines 12er-Muffinblechs füllen, sodass diese halb gefüllt sind.
Die Cupcakes im auf 170 °C vorgeheizten Backofen (Umluft) 15–20 Minuten goldgelb backen.
In der Zwischenzeit die Eiweiße mit dem restlichen Zucker (150 g) zu steifem Schnee schlagen. Den Eischnee in einen Spritzbeutel mit Sterntülle füllen.
Den Eischnee nach der Backzeit von 15–20 Minuten auf die Cupcakes dressieren. Das Blech zurück in den Backofen stellen und die Baiserhauben bei 170°C 5–7 Minuten goldbraun backen.
Die fertigen Cupcakes aus dem Ofen nehmen und in der Form abkühlen lassen. Kurz vor dem Servieren mit einigen Ribiselstrauben verzieren.

SACHER-TORT'N AM STECKERL
FRUCHTIGE SCHOKOLADEN-CAKEPOPS

Zutaten
Für 22 Cakepops

Zubereitungszeit: 60 Minuten | Backzeit: 45 Minuten | Kühlzeit: 1 Tag

90 g Zartbitterschokolade
(70 % Kakaogehalt)
75 g zimmerwarme Butter
75 g Kristallzucker
1 Päckchen Vanillezucker
2 Eier (Größe M)
1 Prise Salz
100 g Weizenmehl
25 g Maisstärke
1 gestrichener TL Backpulver
Salz
5 EL geschlagene Sahne
2 EL brauner Rum
120 g Marillenmarmelade (Aprikosenkonfitüre)
200 g Zartbitterschokoladenglasur
22 Cakepop-Stiele

**Den Cakepop-Stiel kurz
in die flüssige Glasur tauchen und
ihn erst dann in das Cakepop spießen – so bleibt das Cakepop besser
am Stiel kleben.**

Zubereitung
Die Schokolade in kleine Stücke brechen und in eine Metallschüssel geben. Die Metallschüssel auf ein warmes Wasserbad setzen und die Schokolade unter Rühren schmelzen. (Dabei darauf achten, dass die Metallschüssel nicht die Wasseroberfläche berührt.)
Die zimmerwarme Butter mit dem Zucker und dem Vanillezucker in eine Rührschüssel geben und mit dem Handrührgerät (Rührbesen) schaumig schlagen. Die flüssige Schokolade behutsam in die schaumige Masse rühren. Anschließend die Eier einzeln hineinrühren (jeweils 30 Sekunden), bis ein gebundener Teig entstanden ist. Das Mehl mit der Maisstärke, dem Backpulver und 1 Prise Salz versieben und in den Teig rühren. Zum Schluss das Schlagobers und den Rum in den Teig rühren. Den Teig in eine mit Backpapier ausgekleidete Springform (20 cm Durchmesser) füllen. Die Backform auf der mittleren Schiene in den auf 175 °C vorgeheizten Backofen (Ober-/Unterhitze) schieben und den Teig 45 Minuten backen. (Garprobe: Der Kuchen ist fertig, wenn an einer an der dicksten Stelle in den Teig gespießten Backnadel keine Teigreste kleben bleiben.) Den gebackenen Kuchen aus dem Ofen nehmen und abkühlen lassen, dann aus der Form nehmen und komplett erkalten lassen.
Den erkalteten Kuchen mit den Fingern in eine Schüssel bröseln. Die Brösel mit der Marillenmarmelade vermengen und alles zu einer gebundenen Masse verarbeiten. Den Teig mehrere Stunden (am besten über Nacht) im Kühlschrank ziehen lassen.
Von dem kalten Teig kleine Portionen abstechen und diese zu kleinen Kugeln (ca. 2 cm Durchmesser) formen. Die Kugeln auf einen Teller legen und 30 Minuten in den Kühlschrank stellen.
In der Zwischenzeit die Schokoladenglasur nach Packungsanleitung schmelzen. Die gekühlten Teigkugeln einzeln auf Cakepop-Stiele spießen und durch die Glasur ziehen. Die glasierten Cakepops mit dem Stiel nach oben auf eine Lage Backpapier setzen und trocknen lassen. Die Stiele vor dem Servieren nach Belieben mit Geschenkschleifchen verzieren.

NUSSKIPFERLN
HEFEHÖRNCHEN MIT NUSSFÜLLUNG

Zutaten
ergibt etwa 30 kleine Kipferl

Zubereitungszeit: 60 Minuten | Backzeit: 30 Minuten

Für den Germteig
10 EL Vollmilch
1 Würfel frische Hefe (entspricht
42 g) oder 1,5 Päckchen Trockenhefe
225 g weiche Butter
475 g Weizenmehl, etwas mehr für
die Arbeitsfläche
3 Eier (Größe L)
75 g Staubzucker

Für die Füllung
250 g fein gemahlene Haselnusskerne
50 g Kristallzucker
125 ml Vollmilch
2 EL brauner Rum
1 TL gemahlener Zimt

Zum Bestreichen und Bestäuben
3 Eigelb
etwas Staubzucker

Zubereitung
Germteig
Die Milch in einem kleinen Topf lauwarm erwärmen. Die Hefe unter Rühren darin auflösen.
Die weiche Butter in eine Rührschüssel geben. Das Mehl hinzufügen und alles mit den Händen zu feinen Bröseln verkneten. Die Hefemilch zugeben und mit dem Handrührgerät (Knethaken) kurz verkneten. Anschließend die Eier und den Staubzucker hineinkneten, bis ein glatter Teig entstanden ist. Den Teig mit einem Tuch bedecken und an einem warmen Ort 40–45 Minuten gehen lassen.

Füllung
Während der Teig geht, die gemahlenen Haselnüsse mit dem Zucker in einen kleinen Topf geben. Die Milch und den Rum sowie den Zimt hinzufügen und vermengen. Das Gemisch unter Rühren erhitzen und die Flüssigkeit bei niedriger Temperatur verkochen lassen.

Kipferl fertigstellen
Den Hefeteig auf einer bemehlten Arbeitsfläche 0,5 cm dünn ausrollen. Die Teigplatte in Streifen von je 10 cm Breite schneiden. Die Streifen wiederum in Dreiecke (ca. 9 cm x 11 cm x 11 cm, wie Tortenstücke) schneiden. Auf jedes Dreieck 1–2 TL der Nussfüllung geben. Jedes Dreieck von der breiten Seite her einrollen
und die Rollen mit der Spitze nach unten auf ein mit Backpapier bedecktes Backblech legen. Die Teigrollen dann zu Hörnchen formen. Es werden voraussichtlich 2 Backbleche benötigt.
Die Eigelbe mit 1 EL kaltem Wasser verquirlen und die Hörnchen damit bepinseln. Die Backbleche in den auf 175 °C vorgeheizten Backofen (Umluft) schieben und die Hörnchen darin 25–30 Minuten goldbraun backen.
Die Hörnchen vor dem Servieren mit Staubzucker bestäuben.

LINZER TORT'N NEIMODERN

FRUCHTIGE HIMBEER-NUSS-TARTE NACH LINZER ART

Zutaten
für 1 Auflaufform oder Springform (26 x 15 cm)

Zubereitungszeit: 30 Minuten | Kühlzeit: 60 Minuten | Backzeit: 60 Minuten

Für den Mürbteig
150 g kalte Butter
200 g Weizenmehl
175 g gemahlene Haselnusskerne
75 g Kristallzucker
½ TL gemahlener Zimt
1 Ei
weiche Butter und Weizenmehl für die
Form

Für den Belag
250 g frische Himbeeren (oder
TK-Himbeeren, aufgetaut)
300 g Himbeermarmelade
Saft von 1 Zitrone
1 Vanilleschote
1 Päckchen Vanillezucker
5 EL grob gehackte Haselnusskerne

Anrichten
etwas Staubzucker

Zubereitung
Mürbteig
Die kalte Butter mit dem Mehl, den gemahlenen Haselnüssen, dem
Zucker und dem Zimt sowie den Eiern in eine Schüssel geben und
rasch mit den Händen zu einem gebundenen Teig verkneten. Den
Teig zu einer Kugel formen, in Frischhaltefolie wickeln und 1 Stunde
in den Kühlschrank legen.
Von dem Teig nach der Ruhezeit 2 EL abnehmen und kalt stellen.
Den restlichen Teig auf einer bemehlten Arbeitsfläche zu einem großen Rechteck (ca. 30 x 20 cm) ausrollen. Den Teig in eine gebutterte
und bemehlte Auflauf- oder rechteckige Springform (26 x 15 cm)
legen und diese in den Kühlschrank stellen.

Belag
Die frischen Himbeeren waschen und verlesen. Die Himbeeren
dann mit der Himbeermarmelade in einen kleinen Topf geben und
unter Rühren erhitzen. Den Zitronensaft hinzufügen und alles gut
verrühren.
Die Vanilleschote mit einem scharfen Messer der Länge nach aufschlitzen und das Mark herauskratzen. Das Vanillemark mit dem
Vanillezucker in die Himbeermischung rühren.
Die Himbeermischung abkühlen lassen. Die vorbereitete Form aus
dem Kühlschrank nehmen. Den Boden mit einer Gabel mehrmals
einstechen, dann mit der Himbeermischung bestreichen.
Die gehackten Haselnüsse in einer kleinen Pfanne ohne Fettzugabe
rösten, bis sie duften, dann über die bestrichene Tarte streuen.
Die Form auf der mittleren Schiene in den auf 175 °C vorgeheizten
Backofen (Umluft) schieben und die Tarte darin 1 Stunde backen. Die
fertig gebackene Tarte aus dem Ofen nehmen und abkühlen lassen,
dann mindestens 2 Stunden kühl stellen.
Vor dem Servieren mit Staubzucker bestäuben.

BIRNEN-FLECK
KNUSPRIGE BIRNEN-GALETTE

Zutaten
für 1 Kuchen von ca. 28 cm
Durchmesser

Zubereitungszeit: 45 Minuten | Backzeit: 50–60 Minuten

Für den Teig
125 g kalte Butter
250 g Weizenmehl
3 EL brauner Zucker
1 Ei
¼ Tasse eiskaltes Wasser

Für die Füllung
5–7 reife, feste Birnen
2 EL Butter
2 EL brauner Zucker

etwas Staubzucker zum Übersieben

Zubereitung
Teig
Die kalte Butter in kleine Würfel schneiden, in eine Schüssel geben und mit dem Mehl, dem Zucker und dem Ei rasch zu einem glatten Teig verkneten. Anschließend das kalte Wasser einarbeiten. Den Teig in Frischhaltefolie wickeln und 30 Minuten in den Kühlschrank legen.

Füllung
Die Birnen schälen und vom Kerngehäuse befreien, dann in feine Spalten schneiden.
Die Butter in einer Pfanne schmelzen. Die Birnenspalten hineinlegen, mit dem braunen Zucker bestreuen und karamellisieren.

Tarte fertigstellen
Den Teig auf einer bemehlten Arbeitsfläche zu einem Kreis von ca. 36 cm Durchmesser ausrollen. Den ausgerollten Teig vorsichtig auf ein mit Backpapier bedecktes Backblech legen. Die karamellisierten Birnen auf dem Teigkreis verteilen, dabei außen einen Rand von 3 cm frei lassen. Den Rand nach oben klappen und leicht andrücken.
Das Blech auf der mittleren Schiene in den auf 175 °C vorgeheizten Backofen (Ober-/Unterhitze) schieben. Die Galette 50–60 Minuten goldbraun backen.
Die Galette mit Staubzucker bestäuben und am besten warm servieren.

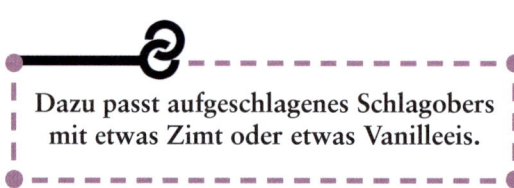

Dazu passt aufgeschlagenes Schlagobers mit etwas Zimt oder etwas Vanilleeis.

HAD'N-TARTE MIT ZWETSCHGEN
BUCHWEIZEN-TARTE MIT PFLAUMEN

Zutaten
für 1 Tarte von 28 cm
Durchmesser

Zubereitungszeit: 75 Minuten

Für den Teig
120 g Had'nmehl (Buchweizenmehl)
25 g Staubzucker
1 Prise Salz
1 Ei
100 g kalte Butter
etwas Had'nmehl für die Arbeitsfläche
etwas weiche Butter für die Form

Für den Belag
800 g reife, feste Zwetschgen
2 EL Kristallzucker
½ TL gemahlener Zimt
200 g Sauerrahm
1 Ei
30 g Staubzucker

Zubereitung
Teig
Das Had'nmehl mit dem Staubzucker und dem Salz in eine Rühr-schüssel geben und verrühren. Das Ei zugeben.
Die kalte Butter in Würfel schneiden und mit den Händen rasch in das Mehlgemisch kneten. Den Teig in Frischhaltefolie wickeln und 30 Minuten im Kühlschrank ruhen lassen.
Den kalten Teig auf der bemehlten Arbeitsfläche zu einem ca. 35 cm dicken Kreis ausrollen. Eine mit etwas weicher Butter gefettete Tarte-form (28 cm Durchmesser) mit dem Teig auskleiden. Über die Form stehende Teigränder mit einem scharfen Messer abschneiden.

Belag
Die Zwetschgen waschen, trocknen, halbieren und entsteinen. Jede Zwetschgenhälfte in 2 Spalten schneiden. Die Zwetschgenspalten in eine Schüssel geben.
Den Kristallzucker mit dem Zimt vermengen, über die Zwetschgen geben und locker vermengen.
Den Sauerrahm mit dem Ei und dem Staubzucker in eine Schüssel geben und glatt rühren. Diese Creme auf den Tarteboden streichen. Die marinierten Zwetschgen kreisförmig auf dem bestrichenen Tarte-boden verteilen.
Die Tarte im auf 175 °C vorgeheizten Backofen (Umluft) 30–35 Minu-ten backen. Erst nach dem Abkühlen aus der Form lösen.

NACKERTE TOPFNTORT'N
NAKED CAKE MIT QUARKCREME, BEEREN UND BLÜTEN

Zutaten
für 1 Cake

Zubereitungszeit: 75 Minuten

Für den Teig
9 Eier (Größe L)
300 g Staubzucker
300 g Weizenmehl
25 g Backpulver

Für die Creme
250 ml flüssiges Schlagobers
750 g Topfen (Quark, Fettgehalt 20%)
65 g Staubzucker
2 Päckchen Vanillezucker
Saft von 2 Zitronen

Verzierung
1 Handvoll gemischte
Beeren
3–4 Zweige Rosmarin
3 Rosenblüten (Bio-Qualität)

Zubereitung
Teig
Die Eier mit dem Staubzucker in eine Rührschüssel geben und mit dem Handrührgerät (Rührbesen) 7–8 Minuten zu einer luftigen weißlichen Creme aufschlagen. Das mit dem Backpulver versiebte Mehl esslöffelweise hinzufügen und mit dem Schneebesen unterheben, bis ein gebundener Teig entstanden ist.
Den Teig in 3 mit Backpapier ausgelegte Springformen (je 20 cm Durchmesser) füllen und die Oberflächen glatt streichen. Die Springformen auf der mittleren Schiene in den auf 175 °C vorgeheizten Backofen (Ober-/Unterhitze) schieben und die Böden darin etwa 30 Minuten backen. (Alternativ die 3 Böden nacheinander in einer Form backen, dabei immer ⅓ des Teiges frisch zubereiten.)
Die gebackenen Böden aus der Form lösen, das Backpapier abziehen und die Böden auf einem Kuchengitter abkühlen lassen.

Creme
Das Schlagobers in eine Rührschüssel geben und steif schlagen. Den Topfen mit dem Staubzucker, dem Vanillezucker und dem Zitronensaft in eine Schüssel geben und mit dem Handrührgerät (Rührbesen) cremig schlagen. Die Schlagsahne vorsichtig unterheben.

Cake fertigstellen
Den ersten Boden mit ⅓ der Topfencreme bestreichen. Den zweiten Boden daraufsetzen und erneut ⅓ der Topfencreme daraufstreichen. Den dritten Boden daraufsetzen und die Oberfläche mit der restlichen Topfencreme bestreichen. Mithilfe eines nassen Messers die Seiten des Cakes dünn verstreichen und abziehen.
Den Naked Cake kurz vor dem Servieren mit den geputzten Beeren, den Rosen und dem Rosmarin verzieren.

TEEKUCHEN MIT GRANTNSCHLECK

NAKED EARL-GREY-CAKE MIT PREISELBEERCREME

Zutaten
für einen Kuchen von 20 cm
Durchmesser

Zubereitungszeit: 70 Minuten für die Böden | Fertigstellen: 15 Minuten

Für die Böden
200 ml Vollmilch
4 EL lose Earl-Grey-Teeblätter
150 g Butter
300 g Staubzucker
4 Eier (Größe M)
275 g Weizenmehl Type 405
1 Päckchen Backpulver (16 g)

Für die Creme
450 ml flüssiges Schlagobers
250 g Mascarpone
100 ml Preiselbeersirup
1 Päckchen Vanillezucker (nach
Belieben)

Zum Verzieren
1 Handvoll frische Preiselbeeren oder
Cranberrys
frischer Rosmarin zum Garnieren

> Beim Auftragen der Creme das
> Messer etwas fester andrücken,
> damit mehr Creme abgeschabt
> wird und der typische »Naked
> Cake Look« entsteht.
> Wer keine zwei Springformen hat,
> kann die Böden nacheinander
> backen.

Zubereitung

Böden
Die Milch mit den Earl-Grey-Teeblättern in einen kleinen Topf geben und langsam aufkochen. Den Topf vom Herd nehmen, abdecken und die Earl-Grey-Milch 2 Minuten ziehen lassen. Die Earl-Grey-Milch dann durch ein feines Sieb gießen und abkühlen lassen.

Die Butter in einem kleinen Stieltopf schmelzen. Die geschmolzene Butter in eine Rührschüssel geben und etwas abkühlen lassen. Den Staubzucker in die flüssige Butter geben und mit dem Handrührgerät (Rührbesen) auf höchster Stufe schaumig rühren. Dann die Eier einzeln hinzufügen und jeweils 30 Sekunden einrühren, bis ein gebundener Teig entstanden ist. Die Earl-Grey-Milch in den Teig rühren.

Das Mehl mit dem Backpulver versieben und portionsweise in den Teig rühren.

Zwei runde Springformen (je 20 cm Durchmesser) mit Backpapier auskleiden. In jede Form die Hälfte des Teigs füllen und die Oberflächen glatt streichen.

Die Böden im auf 175 °C vorgeheizten Backofen (Umluft) 45–50 Minuten backen. (Garprobe: Die Böden sind fertig, wenn an einer in die Mitte gesteckten Backnadel keine Teigreste kleben bleiben.) Die gebackenen Böden aus dem Ofen nehmen und in den Formen abkühlen lassen. Dann aus den Formen lösen und auf ein Kuchengitter legen.

Creme
Das Schlagobers in einer hohen Rührschüssel steif schlagen. Den Mascarpone mit dem Preiselbeersirup glatt rühren. Dann das Schlagobers portionsweise mit einem Schneebesen unterheben. Die Preiselbeercreme nach Belieben mit Vanillezucker abschmecken.

Fertigstellen des Cakes
Den ersten Tortenboden ca. 2 cm dick mit Preiselbeercreme bestreichen. Den zweiten Tortenboden darauflegen und ca. 1 cm dick mit Preiselbeercreme bestreichen. Die Creme mit einer Palette kuppelartig verstreichen. Die Creme am Rand des Cakes mit einem in heißes Wasser getauchten Messer oder Tortenschaber glatt streichen.

Den »Naked Earl-Grey-Cake« für mindestens 1 Stunde in den Kühlschrank stellen. Kurz vor dem Servieren mit frischen Preiselbeeren und Rosmarinspitzen garnieren.

OMAS MARMORGUGELHUPF
GROSSMUTTERS MARMORNAPFKUCHEN

Zutaten
für 1 Gugelhupf

Zubereitungszeit: 20 Minuten | Backzeit: 60 Minuten

220 g Staubzucker, etwas mehr
zum Bestäuben
4 große Eier (Größe L)
125 ml Wasser
125 ml neutrales Pflanzenöl
260 g Weizenmehl Type 405
1 Päckchen Backpulver (16 g)
20 g stark entöltes
Kakaopulver
150 g Zartbitterschokolade
(ca. 60 % Kakaogehalt)
20 g Kokosfett
etwas weiche Butter und
Weizenmehl für die Form

Zubereitung

Den Staubzucker in die Schüssel der Küchenmaschine sieben und die Eier hinzufügen. Das Gemisch ca. 5 Minuten schaumig schlagen, bis eine lockere, weißliche Creme entstanden ist. Dann das Wasser und das Öl hineinrühren.

Das Mehl mit dem Backpulver versieben und portionsweise in den Teig rühren. So lange rühren, bis ein gebundener Teig entstanden ist. Die Hälfte dieses hellen Teigs in eine gefettete, mehlierte Gugelhupfform (22 cm Durchmesser) geben.

Den Kakao in den restlichen Teig rühren. Den dunklen Teig auf den hellen Teig in der Form geben und die Teige mit einem Spieß, einer Gabel oder einer Stricknadel wellenförmig durchmengen.

Den Gugelhupf im auf 175 °C vorgeheizten Backofen (Ober-/Unterhitze) 60 Minuten backen. Den gebackenen Gugelhupf in der Form 10 Minuten abkühlen lassen, dann aus der Form stürzen und auf einem Kuchengitter erkalten lassen.

Die Schokolade in Stücke brechen und mit dem Kokosfett in eine Metallschüssel geben. Diese auf ein heißes Wasserbad stellen. Dabei darauf achten, dass der Boden der Schüssel nicht die Wasseroberfläche berührt. Die Schokolade unter Rühren schmelzen.

Den erkalteten Gugelhupf mit dem Schokoladenguss überziehen und kurz vor dem Servieren mit Staubzucker bestäuben.

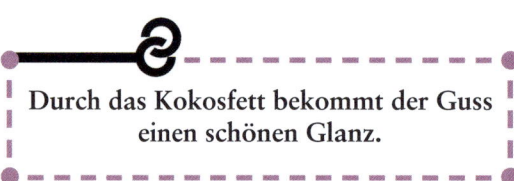

Durch das Kokosfett bekommt der Guss einen schönen Glanz.

OPF'L-NUSS-NUDL
WALNUSS-GUGELHUPF MIT ZIMTÄPFELN

Zutaten
für 1 Gugelhupf von 22 cm
Durchmesser

Zubereitungszeit: 20 Minuten | Backzeit: 60 Minuten

4 säuerliche Äpfel (ca. 350 g, Sorte:
Boskoop)
Saft von ½ Zitrone
½ TL gemahlener Zimt
4 Eier
220 g weiche Butter, etwas mehr für
die Form
180 g Staubzucker, etwas mehr zum
Bestäuben
1 Päckchen Vanillezucker (8 g)
175 g gemahlene Walnusskerne
250 g Weizenmehl Type 405, etwas
mehr für die Form
½ Päckchen Backpulver (8 g)

Zubereitung
Die Äpfel schälen, vierteln, vom Kerngehäuse befreien und in
Scheiben schneiden. Die Apfelscheiben in eine Schüssel geben,
mit dem Zitronensaft übergießen und dem Zimt bestäuben und
locker vermengen. Die Schüssel abdecken.
Die Eier trennen. Die Eigelbe in eine Rührschüssel geben und mit
der weichen Butter, dem Staubzucker und dem Vanillezucker mit
dem Handrührgerät (Rührbesen) auf höchster Stufe schaumig
schlagen. Die Walnüsse hineinrühren.
Das Mehl mit dem Backpulver versieben und esslöffelweise in den
Teig rühren.
Die Eiweiße zu steifem Schnee schlagen. Den Eischnee unter den
Teig ziehen. Zum Schluss die marinierten Äpfel untermengen.
Den Teig in eine mit Butter gefettete und mehlierte Gugelhupfform
(22 cm Durchmesser) füllen und die Oberfläche glatt streichen.
Den Gugelhupf im auf 175 °C vorgeheizten Backofen (Umluft) etwa
60 Minuten backen. Den gebackenen Gugelhupf aus dem Ofen
nehmen, in der Form 10 Minuten abkühlen lassen, dann aus der
Form stürzen und auf einem Kuchengitter erkalten lassen.
Vor dem Servieren mit Staubzucker bestäuben.

WIENER KAFFEEHAUSKULTUR UND MEHLSPEISENTRADITION

Das Kaffeehaus und die Mehlspeisenkultur gehören zu Österreichs Bundeshauptstadt wie kaum etwas anderes. Die Frage »Hean's, derf's noch a Kaffeetschal sein, gnä' Frau?« ist klassisch, traditionell und urtypisch für Wien und seinen etwas schrulligen Schmäh. Wer Wien besucht, muss eines seiner weltberühmten Kaffeehäuser besuchen. Sie locken mit besonderen Kaffeespezialitäten, einer gemütlichen Atmosphäre zum Zeitunglesen und Entspannen und natürlich mit einer Auswahl an süßen Wiener Mehlspeisen. Das ist aber nicht neu, geht doch die Wiener Kaffeehauskultur mit ihren Literatur- und Musikcafés bis ins 17. Jahrhundert zurück. Man trinkt Verlängerten oder Melange gleichermaßen gerne wie Ein-

spänner (ein Mokka mit Schlag und Staubzucker), sitzt auf Thonet-Stühlen an Marmortischen und liest die Tageszeitung. Zu Beginn der Kaffeehaustradition orderte man seinen Lieblingskaffee via Farbe mit einer »Farbpalette«. Je dunkler der Kaffee, desto stärker.

Den Besitzern der viel besuchten Kaffeehäuser an den Wiener Flaniermeilen, den sogenannten Kaffeesiedern, hat man sogar einen eigenen Ball, den »Kaffeesiederball« gewidmet. Geöffnet von früh bis spät, gibt's neben Kaffee natürlich auch Stärkungen wie ein Fiakergulasch, Eierspeis, Sacherwürstel, Gabelbissen, mit Marmelade gefüllte Buchteln und natürlich Apfel- und Topfenstrudel. Das sind freilich nicht die einzigen süßen Köstlich-

keiten, die man dort genießen kann. Vielmehr ist die Kaffeehauskultur, die seit 2011 als immaterielles Kulturerbe gilt, eng mit der Wiener Mehlspeisentradition verbunden. Sie gehört zu Österreich wie die Berge, die Bälle und der Wiener Walzer. Die vielen Mehl- und Süßspeisenklassiker füllen ganze Bücher, hat doch jedes Bundesland seine eigenen Rezepte und Variationen. Auch bemerkenswert ist es, dass es Mehlspeisen gibt, die gar kein Mehl enthalten. Vielmehr war die Bezeichnung ursprünglich für fleischlose Gerichte gedacht. Heute verbinden wir damit warme Süßspeisen und köstliche Torten wie (Kaiser-) Schmarren, warme oder kalte Strudel (oftmals mit Vanillesauce), Germteigknödel und natürlich Torten- und Kuchenklassiker wie Rouladen, Golatschen, Malakoff-Torte, Topfentorte, nussig-fruchtige Linzer Torte oder ihren berühmtesten Vertreter – die Sacher Torte. Die (Wiener) Mehlspeisenküche ist trotz internationaler Einflüsse und gehaltvollen Rezepten beliebt wie eh und je. Mein Tipp: Ins Kaffeehaus gehen, sich gemütlich mit einer Zeitung hinsetzen und einfach nur genießen! Oder die im Buch vorgeschlagenen Rezepte nachbacken und es sich gleich zu Hause mit einer Tasse Kaffee gut gehen lassen.

Die Bilder entstanden in der K & K Hofzuckerbäckerei Gerstner, dem K & K Hoflieferanten Café und dem Café Schwarzenberg

AUS DEM GLAS

GETRÄNKE

HIMBEER-KRACHERL
FRUCHTIGE HIMBEERLIMONADE

Zutaten
für 4 Personen

Zubereitungszeit: 15 Minuten

350 g frische Himbeeren
(alternativ TK-Himbeeren, aufgetaut)
Saft von Zitrone
4 EL Kristallzucker
4 EL flüssiger Honig
1 l kaltes Mineralwasser (mit
Kohlensäure)
einige Eiswürfel

Zum Garnieren
einige frische Himbeeren
einige Zweige Rosmarin oder
Minze

Zubereitung
Frische Himbeeren putzen und verlesen. Die Himbeeren dann in
einen Mixbecher geben und mit dem Pürierstab durchmixen, bis sie
fein püriert sind. Das Himbeerpüree durch ein Sieb streichen, um die
Kerne zu entfernen. Den Zitronensaft in das Himbeerpüree rühren.
Den Zucker und den Honig mit 150 ml kaltem Wasser verrühren, bis
sich der Zucker aufgelöst hat. Diesen Sirup und das Himbeerpüree in
dekorative Flaschen oder Gläser füllen und mit dem kaltem Mineralwasser übergießen. Die Eiswürfel hinzufügen.
Mit den Kräuterzweigen garnieren und servieren.

GSUNDA GORTN-SMOOTHIE
APFEL-GURKEN-SMOOTHIE MIT KRÄUTERN

Zutaten
für 2 Personen

Zubereitungszeit: 10 Minuten

1 Feldgurke (Freiland-Gärtnergurke,
oder ½ Salatgurke)
2 grüne, säuerliche Äpfel (z.B. Granny
Smith)
1 reife Banane
3–4 EL gehackte glatte Petersilie
150 ml naturtrüber Apfelsaft
einige Zweige glatte Petersilie zum
Garnieren

Zubereitung
Die Gurke schälen und in Stücke schneiden. Die Äpfel halbieren,
vom Kerngehäuse befreien und in Stücke schneiden. Die Banane
schälen und in Stücke schneiden. Die Gurken-, Apfel- und Bananen-
stücke mit der gehackten Petersilie und dem Apfelsaft im Mixer oder
mit dem Pürierstab schön cremig mixen.
Den Smoothie in Gläser füllen, mit einigen Petersilienzweigen
garnieren und servieren.

RÜHRMILCH MIT WOIDBEE

SCHNELLER BUTTERMILCH-WALDBEEREN-SHAKE

Zutaten
für 2 Personen

Zubereitungszeit: 10 Minuten

350 g frische Waldbeeren (Heidelbeeren, Himbeeren, Brombeeren,
Walderdbeeren)
500 ml kalte Rührmilch (Buttermilch)
1 EL flüssiger Honig
4–6 Eiswürfel (optional)

Zubereitung
Die Waldbeeren putzen und verlesen. Einige schöne Beeren zum Dekorieren beiseitelegen. Die restlichen Beeren mit der Rührmilch und dem Honig in einen Mixbecher geben und mit dem Pürierstab (alternativ in der Küchenmaschine) fein durchmixen. Die Eiswürfel in Gläser geben und den Shake darübergießen und mit den ganzen Beeren garnieren. Sofort kalt servieren.

Der Waldbeeren-Shake kann auch mit
gefrorenen Beeren zubereitet werden.

GEEISTER VERLÄNGERTER
EISKAFFEE MIT VANILLE

Zutaten
für 1 Person

Zubereitungszeit: 15 Minuten

5 Eiswürfel
1 Tasse eiskalter verlängerter Kaffee
1 Prise Stevia oder 1 TL Kristallzucker
1 Vanilleschote
150 ml eiskalte Vollmilch (alternativ
Mandelmilch)

Zubereitung
Die Eiswürfel in ein dekoratives Glas geben und den Kaffee darübergießen. Die Vanilleschote mit einem scharfen Messer der Länge nach aufschlitzen und das Mark herauskratzen. Das Vanillemark mit der Stevia bzw. dem Zucker in den Kaffee rühren. Die Milch angießen und sofort eiskalt genießen.

Den Drink kann man auch im Mixer aufmixen, dann wird er leicht cremig. Für einen verlängerten Kaffee brüht man einen Espresso in eine große Tasse und füllt ihn mit heißem Wasser auf.

ALMKAFFEE
KAFFEECOCKTAIL MIT SCHUSS

Zutaten
für 4 Personen

Zubereitungszeit: 15 Minuten

1 Vanilleschote
600 ml Vollmilch
2 Stangen Zimt
2 Eigelb
1 EL Kristallzucker
500 ml frisch gebrühter Bohnenkaffee
125 ml brauner Rum
125 ml flüssiges Schlagobers
2 EL Eierlikör

Zubereitung

Die Vanilleschote mit einem scharfen Messer der Länge nach aufschlitzen und das Mark herauskratzen.

400 ml Milch mit dem Vanillemark und den Zimtstangen in einen kleinen Topf geben und aufkochen. Den Topf vom Herd nehmen und mit einem Deckel verschließen.

Die restliche kalte Milch (200 ml) mit den Eigelben und dem Zucker in eine Schüssel geben und glatt rühren.

Die Zimtstangen aus der warmen Vanillemilch nehmen. Den heißen Kaffee und den Rum in die Vanillemilch rühren. Anschließend die Eigelb-Zucker-Mischung hinzufügen und gut verrühren. Den Kaffee auf 4 dekorative Gläser verteilen.

Das Schlagobers leicht aufschlagen und auf den Kaffee geben. Mit Eierlikör garnieren und heiß servieren.

APFELSTRUD'L IM GLASL
APFELSTRUDEL-SMOOTHIE

Zutaten
für 1 großes Glas

Zubereitungszeit: 10 Minuten

1 großer, säuerlicher Apfel (oder
2 kleine Äpfel, z.B. Granny Smith)
1 reife Banane
2 EL geschälte Haselnusskerne
125 ml Vollmilch
100 g Naturjoghurt
¼ TL gemahlener Zimt, etwas mehr
zum Bestäuben

Zubereitung
Den Apfel waschen, halbieren, vom Kerngehäuse befreien und
achteln. Die Banane schälen und halbieren. Alle Zutaten in einen
Mixer geben und cremig pürieren. Den Smoothie in ein großes Glas
füllen, mit etwas gemahlenem Zimt bestäuben und sofort servieren.

GLÜHMOST

WINTERLICHER APFELMOST

Zutaten
für 4 Personen

Zubereitungszeit: 20 Minuten

1 l Apfelmost
100 ml Apfelsaft
100 g Kristallzucker
3 Bio-Zitronen, in
Scheiben geschnitten
3 Stangen Zimt
3–4 Gewürznelken
einige Sternanise zum
Garnieren

Zubereitung
Den Most mit dem Apfelsaft in einem Topf vermischen. Den Zucker, die Scheiben von 2 Zitronen und die Gewürze (mit Ausnahme des Sternanis) hinzufügen. Das Gemisch aufkochen und auf kleinster Stufe 15 Minuten leicht köcheln lassen. Den Glühmost durch ein feines Sieb gießen, dann in 4 hitzebeständige Gläser füllen und mit den restlichen Zitronenscheiben und je 1 Sternanis garniert servieren.

ZIRBENSCHNAPS
HAUSGEMACHTER ZIRBENLIKÖR

Zutaten
für 750 ml

Zubereitungszeit: 15 Minuten | Ruhezeit: mindestens 2–3 Wochen

3 junge Zirbenzuschgeln (Zapfen der Zirbelkiefer)
750 ml Kornbrand (42 Vol.-%)
3 EL weißer Kandiszucker
40 ml brauner Rum (80 Vol.-%)

Zubereitung
Die Zirbenzapfen in feine Scheiben schneiden.
Den Kornbrand in ein großes Einweckglas mit Schraubverschluss (1 l Fassungsvermögen) gießen. Den Kandiszucker, den Rum und die Zirbenzapfenscheiben hinzufügen. Das Glas mit einem Deckel verschließen und mindestens 2–3 Wochen auf einem sonnigen Fensterbrett stehen lassen, dabei alle paar Tage durchschütteln. Sobald der Zirbenschnaps eine himbeerrote Farbe hat, ist er fertig zum Trinken. Dann in dekorative Schraubflaschen füllen und kühl und dunkel lagern.

Die Zirbenzapfen werden im Frühsommer, also Ende Juni bis Mitte Juli gesammelt.
Ein »Zirberl«, also einen Zirbenschnaps, trinkt man in Österreich gerne nach einem »Bratl« (Schweinebraten) oder nach einer deftigen Jause.

Die Bilder entstanden beim Weingut Klapsch

DIE STEIRISCHE TOSKANA

Über das ganze Jahr gibt es in allen Regionen Österreichs sehenswerte Highlights. Sei es die Marillenblüte in der Wachau, die traditionellen Mai(baum)feste in Salzburg, Kärnten und Tirol oder ganz besonders im Herbst die steirische Toskana in der Südsteiermark. Warum wir hier in einem österreichischen Kochbuch von der Toskana sprechen, weiß man spätestens, wenn man einmal in der Südsteiermark, einer der schönsten Gegenden Österreichs, zu Gast war. Ihrem Namen wird die Südsteirische Weinstraße durch die zahlreichen wunderschönen Weingüter, die sich durch die charakteristische Hügellandschaft mit den Weingärten ziehen, gerecht, die untrennbar mit (Wein-)Genuss und traditionellen Schmankerln verbunden sind.

Vor allem im Herbst bei der Weinlese, aber auch über das ganze Jahr, wird Gastfreundschaft auf besonderem Niveau gelebt. In den unzähligen Buschenschanken (die in anderen Regionen Österreichs auch als Heuriger bezeichnet werden) entlang der Weinstraße findet sich ein Genussfleckerl nach dem anderen. Namensgebend für die Buschenschank ist ein Büschel Zweige oder Reisig, das bei geöffneter Schank oberhalb der Tür oder beim Eingang angebracht wurde. Wenn der Buschen »ausgsteckt is«, dann darf eingekehrt werden.
Ausgeschenkt werden dürfen nur hauseigene Weine, selbst gepresste Säfte und Gutes aus der Bauernstube. In der Buschenschank wird verkauft, was selbst oder in der Nachbarschaft (bäuerlich)

produziert wird. Egal, ob klassische Brettljause (mit Geselchtem, Aufschnitten, Schinken, Würsteln, Brot und Aufstrichen, serviert auf einem Holzbrett), Winzerteller oder süße Strudel: Das ist Österreich pur. Mit einem guten Glas Wein und dem Ausblick auf die Weingärten lässt es sich mehr als nur gut aushalten. Die freundlichen und bodenständigen Weinbauern nehmen ihre Gäste gerne auch mit in ihre Gärten, wo hauptsächlich die Trauben für Sauvignon Blanc, gelben Muskateller oder auch Welschriesling wachsen. Die Bodenbeschaffenheit in der südlichen Steiermark, mit dem für die Region charakteristischen Muschelkalk, den sandig-lehmigen Böden und dem südlichen Klima, sorgt für die vorzügliche Qualität und Mineralik der südsteirischen Weine. Die in den alten Weinkellern gereiften Sorten kann man dann direkt bei den eigenen Buschenschanken verkosten und davor oftmals auch noch die alten Presshäuser besichtigen. Mein Tipp: im Herbst in die Südstiermark fahren und dort bei der Weinlese helfen oder die Weinfeste besuchen und die wunderbare Gegend, die zu dieser Jahreszeit in allen Farben erstrahlt, genießen.

GLOSSAR

Biskotten	Löffelbiskuits
Blunzen	Blutwurst

Eachtling	Der Begriff »Eachtling« steht im Lungau für die Kartoffel und wird von den Lungauer Kartoffelbauern als Markenname verwendet. Die naturbelassenen, humushaltigen, sandigen Böden – Urgesteins-Verwitterungsböden – eignen sich vorzüglich für den Anbau bester Kartoffeln.

Eiernockerl	Eierspätzle
Eierschwammerl	Pfifferlinge
Eierspeis	Rührei

Faschiertes	Hackfleisch
Fisolen	grüne Bohnen
Fleckerl	quadratische oder rautenförmige Nudeln

Germ	Hefe
Geselchte Schweinsstelze	gepökeltes Eisbein
Goaskas	Ziegenkäse

Golatschen	Plundergebäck
Granten	Preiselbeeren
Gröstl	pfannengebratenes Gericht, meist zur Resteverwertung
Had'n	Buchweizen
Hendl	Huhn
Hundsknofel	Bärlauch
Jause	deftige Zwischenmahlzeit

Karfiol	Blumenkohl
Kärntna Laxn	Der Kärntna Laxn ist eine Seeforelle, die einen silbrigen Körper mit zahlreichen schwarzen Punkten hat. Früher war sie Hauptfisch einiger Kärntner Seen und wurde von den heimischen Fischern als »Laxn« bezeichnet. Kärntna Laxn haben ein zart rosafarbenes Fleisch mit kräftigem Geschmack.
Kipferl	süßes Hörnchen
Kohlsprossen	Rosenkohl
Kracherl	Limonade, alkoholfreies Erfrischungsgetränk
Kraut	Kohl
Kren	Meerrettich

Marillen	Aprikosen
Nauscherl	Paprikaschoten
Nockerl	Nocken, Klößchen
Palatschinken	Pfannkuchen
Paradeiser	Tomaten
Plutza	Kürbis
Pofesen	Arme Ritter
Pogauner	Truthahn bzw. Pute
Porree	Lauch
Rahmkoch	süße Spezialität aus dem Lungau, »Almmarzipan«
Reindling	Napfkuchen
Reine	Bräter, Auflaufform
Ribiseln	Johannisbeeren
Röhrlsalat	Löwenzahn
Rona	rote Rüben/rote Bete
Rührmilch	Buttermilch

Schlagobers	süße Sahne/Schlagsahne
Schneehaube	Baiserhaube
Schwarzbeeren	Heidelbeeren
Selchripperln	gepökelte Schweinerippchen
Staubzucker	Puderzucker
Stockplatteln	Pfannkuchen aus Hefeteig
Strankerl	grüne Bohnen
Topfen	Speisequark
Vogerlsalat	Feldsalat
Wuchteln	Ofennudeln, Rohrnudeln aus Hefeteig
Zirbenzuschgeln	junge Zirbenzapfen

ÜBER UNS

Hinter diesem Buch steht die 29-jährige gebürtige Lungauerin (Salzburg) Catrin Neumayer, besser bekannt als cookingCatrin. Seit mehreren Jahren lebt die Wahlkärntnerin im Süden Österreichs. Die studierte Marketingexpertin war für einen großen österreichischen Energy-Drink-Hersteller tätig und für das Marketing eines internationalen Uhrenkonzerns verantwortlich, bevor sie – als sie mit ihrem Sohn schwanger war – im Jahr 2014 den Foodblog www.cookingcatrin.at gründete. Heute arbeitet sie als Foodbloggerin, Foodstylistin und Redakteurin für Print- und Onlinemagazine, nationale und internationale Unternehmen, gibt Kochkurse und unterrichtet in ihrem Fachbereich an der Universität Klagenfurt. Für die leidenschaftliche Hobbyköchin sind Kochen und Backen eine Art »Küchenyoga«. Gerne nimmt sie die Leser ihres Blogs auf kulinarische Entdeckungsreisen mit. Auf die Frage, warum sie ein Buch zur österreichischen Küche schreibt, meint die Wahlkärntnerin: »Besonders die österreichische Küche mit ihren unterschiedlichen regionalen Ausprägungen und unzähligen Traditionsrezepten muss an die kommenden Generationen überliefert werden. Ich liebe es, althergebrachte Rezepte zeitgemäß zu interpretieren und damit den Bogen zwischen Tradition und Moderne zu spannen!« Ihr Motto lautet: Rock die Kuchl!

Catrin Neumayer und Carletto Ferrari sind Eltern des gemeinsamen Sohnes Matteo (1½ Jahre) und leben in Klagenfurt am Wörthersee. Der gelernte Jurist Carletto Ferrari-Brunnenfeld ist als Fotograf für die Bilderwelt von cookingCatrin verantwortlich. Schon während des Studiums kommt er als Model in Mailand, Asien und Deutschland mit der Welt der Fotografie in Kontakt und setzt seine Erfahrungen in der Branche dann im Laufe der Zeit hinter der Kamera um. Mit seiner Food Photography hat er bereits mehrere internationale Preise gewonnen und kann auf eine erfolgreiche Zusammenarbeit mit renommierten Kunden aus den Bereichen Food, Lifestyle und Tourismus verweisen. »Kundenanliegen und Projekte punktgenau zu erfassen, Emotionen fotografisch einzufangen, um Stimmungen zu transportieren, und mit Zuverlässigkeit und

Die Bilder entstanden im Freilichtmuseum Maria Saal

höchstmöglicher Qualität Aufträge abzuwickeln, ist für eine erfolgreiche Arbeit als Fotograf heutzutage einfach Grundvoraussetzung. Dieses erste Buchprojekt mit Catrin umzusetzen, war – vor diesem professionellen Hintergrund – aber auch eine große Bereicherung für unsere persönliche Beziehung. Ich bin stolz darauf, wie gut wir das Projekt Buch, unsere gemeinsame Passion für Food und Privates unter einen Hut gebracht und nun unser zweites Baby (das Buch!!) in Händen halten dürfen.«

Der Foodblog www.cooking-catrin.at gehört zu den beliebtesten und bekanntesten Foodblogs des deutschsprachigen Raums und ist Grundlage und Inspiration für die Inhalte und Gestaltung des vorliegenden Buches. Nachdem der Foodblog www.cookingcatrin.at, der heute als kulinarisches Online-magazin (Blogazine) betrieben wird, seit der Gründung vor zwei Jahren mehrfach mit nationalen und internationalen Preisen ausgezeichnet wurde – German Foodblog Contest Platz 2 (2016), viermal Foodelia Foodphography Awards (2016), Wahl zum beliebtesten Foodblog in DE, AT, CH (2014), Ama Foodblog Award 2014 & 2015 Top 6 – erfüllen sich Catrin Neumayer und Carletto Ferrari-Brunnenfeld mit der Publikation ihres ersten eigenen Kochbuchs einen gemeinsamen Lebenstraum.

DANKE

 Kein österreichisches Kochbuch ohne Schnitzerl! Ein solches findet sich in diesem Buch gleich doppelt – als Klassiker und als Fischschnitzerl. Knusprig und schmackhaft werden diese und viele weitere Gerichte im Buch nach einem Bad im beliebten Bona Öl.

 Zu besagtem Schnitzerl werden klassisch Erdäpfel und Reis (mit einer Zwiebel gekocht und etwas Butter) serviert. So gehört sich's eben! Freilich kann Letzterer, also der Reis, noch einiges mehr und kommt in verschiedensten Zubereitungsvarianten – aber dafür immer aus dem Hause Uncle Ben's® – auf den Tisch. Mein Liebling: Milchreis – aber mit ganz viel Zimt!

 Wenn ich gefragt werde, was mein persönliches Lieblingsrezept im Buch ist, dann tue ich mich wirklich schwer. Ganz sicher bin ich mir allerdings, dass es aus den Kapiteln »Mehlspeisen und Desserts« oder »Torten und Kuchen« kommt. Denn dort zeigt sich Österreich von seiner Zuckerseite. Für die süßen Rezepte aus (den) Wiener Zucker(seiten) hier im Buch gilt: ausprobieren und dahinschmelzen …

 Schon als Kind habe ich es geliebt, mit Mama und Oma zu backen und in deren Dr.-Oetker-Rezeptbuch-Reihe zu blättern. Dabei habe ich mir erträumt, dass unsere nachgebackenen Werke so gelungen aussehen wie diese in den Backbüchern! Mit meinem eigenen Buch und Dr. Oetker hoffe ich, diese Leidenschaft an viele kleine Mädchen mit großen Backträumen weitergeben zu können.

 »Ein Würstel ohne Senf ist ein armes Würstel!« Sagt man so in Österreich! So wäre auch dieses Kochbuch mit seinen Rezepten ohne Senf und Kren von Mautner Markhof ein armes Würstel. Ist es zum Glück aber nicht!

Wenn eine gebürtige Salzburgerin (die freilich glückliche Wahlkärntnerin ist) ein Buch schreibt (eigentlich kocht), dann muss natürlich etwas aus der eigenen Heimat ins Buch. Dieses Etwas sind viele wunderbare Rezepte aus meiner Kindheit und natürlich die frischen Milchprodukte von SalzburgMilch!

Unser Dank gilt außerdem:

Riess Emaille, Gmundner Keramik und www.stielreich.at für das viele tolle Geschirr und die wunderschönen Foodprops

Marossi Photography: Danke, Martin, dass du es geschafft hast, Carletto und mich für die Fotos der Doppelseite »Über uns« gemeinsam im Freilichtmuseum Maria Saal vor die Kamera zu bringen!

Edelheiß Trachten für die immer wunderschöne Ausstattung an Dirndln und Lederhosen und We are Flowergirls für die Flower Crowns

Isabella Floristik : Danke für die vielen Blumen und gemeinsamen Shootingstunden, liebe Isabella.

UNSER PERSÖNLICHER DANK GILT

Unseren Großeltern (für die Liebe zur österreichischen Küche)
Unseren Eltern (für Rat und Tat und die x-fache Unterstützung bei der Erstellung unseres ersten Buchs)
Matteo (für deine Geduld und die positive Energie, die du täglich ausstrahlst)
Edda (mit Pauli & Florentina) für deine Unterstützung bei den österreichischen Dialekten
Andreas (für deinen großen Appetit)
Sissi (dafür, dass deine Türe für uns immer offen steht)
Claudia (mit Julian & Maximilian sowie Anna), die als Nachwuchsmodels vor der Kamera brilliert haben
Ines, Lilli & Nina (für eure Kreativität und Unterstützung bei der Rezeptrecherche)
Antonia (vielen Dank für deine fleißige Mitarbeit beim Korrigieren)

Catrin & Carletto

REGISTER

Ebenfalls erhältlich ...

ISBN 978-3-86244-091-7

ISBN 978-3-88472-887-1

ISBN 978-3-86244-970-5

ISBN 978-3-86244-761-9

Produktmanagement: Sonya Mayer
Text- und Rezeptredaktion: Irmgard Rumberger
Korrektur: Martin Thorn
Einbandgestaltung, Layout und Satz: Helen Garner
Repro: Repro Ludwig
Herstellung: Barbara Uhlig

Text und Rezepte: Catrin Neumayer
Fotografie: Carletto Ferrari

Printed in Italy by Printer Trento

**Sind Sie mit diesem Titel zufrieden? Dann würden
wir uns über Ihre Weiterempfehlung freuen.**
Erzählen Sie es im Freundeskreis, berichten Sie Ihrem Buchhändler
oder bewerten Sie bei Onlinekauf. Und wenn Sie Kritik, Korrekturen,
Aktualisierungen haben, freuen wir uns über Ihre Nachricht an:
Christian Verlag, Postfach 40 02 09, D-80702 München
oder per E-Mail an lektorat@verlagshaus.de

Unser komplettes Programm finden Sie unter

 www.christian-verlag.de

Alle Angaben in diesem Werk wurden von der Autorin sorgfältig
recherchiert und auf den aktuellen Stand gebracht sowie vom Verlag
geprüft. Für die Richtigkeit der Angaben kann jedoch keinerlei
Haftung übernommen werden.

Bildnachweis:
Alle Fotos auf dem Bucheinband und im Innenteil stammen von
Carletto Ferrari (www.carletto.at).

Die Deutsche Nationalbibliothek verzeichnet diese Publikation in der
Deutschen Nationalbibliografie; detaillierte bibliografische Daten
sind im Internet über http://dnb.d-nb.de abrufbar.

© 2016 Christian Verlag GmbH, München

ISBN 978-3-86244-976-7